~開啟療癒與
重生的心靈之旅~

漫畫版
從憂鬱中逃跑

Naonyan
著

楓葉社

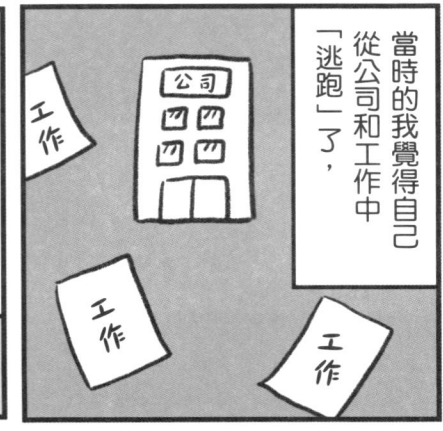

Introduction

CONTENTS

前言 002

【1章】罹患憂鬱症

第1話　還以為人生完蛋了 006
第2話　這是「教育」 012
第3話　是把我當成燙手山芋嗎… 018
第4話　突然萌生的不安 024
第5話　第一次留職停薪 030

【2章】留職停薪生活

第6話　怎樣才算「休息」？ 038
第7話　已經沒辦法再努力了 044
第8話　想要有所改變 050
第9話　無法忘記的景色 056
第10話　原來我是值得活下去的… 062
第11話　暖心的一句話 068

【3章】於是我來到越南

第12話　當即決定前往越南 076
第13話　人類就是這種生物呢 082
第14話　「逃跑」究竟是什麼意思!? 088
第15話　再見了，越南 094

【4章】成為繪本作家之路

第16話　真正想做的事 102
第17話　一間一間投稿 108
第18話　終於到決斷之時 114
第19話　默默離職 120
第20話　為了自己休息 126

【5章】回顧和後來的故事

番外1　幸好留職停薪期間有做這些事 134
番外2　能大方承認自己有憂鬱症的對象 140
番外3　離開公司後的人際關係 146
番外4　逃跑也是人生的一部分 152

解說 158

STAFF
設計師：坂野弘美
DTP：新野 亨

本故事以作者的親身經歷為題材，但事實情況不一定完全如同故事中所描繪，並且與任何真實的人物或團體皆無關。

> 好不想起床…

[1章] 罹患憂鬱症

第1話 還以為人生完蛋了

2012年春天

那一年,

東京晴空塔才剛蓋好。

讓東京的押上地區,

每天都熱鬧不已。

但25歲的我卻在這個地區的…

【1章】罹患憂鬱症

某個大樓小套房裡⋯

過著廢人般的生活。

【1章】罹患憂鬱症

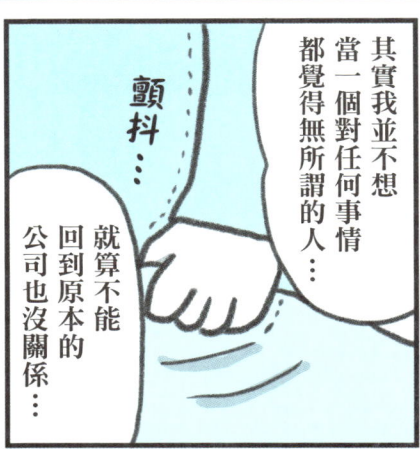

Essay 01

「休息絕對不是一件壞事」

在我罹患憂鬱症而留職停薪時,每天都過得惶惶不安,不知道自己該做什麼才好;主要是因為就算他人叫我「好好休息」,我也不知道自己該做什麼才算休息。但是,當我試著查詢他人都如何度過留職停薪期間時,卻發現大多數人似乎都對留職停薪這件事抱有愧疚感,因此鮮少有人願意公開自身的經驗,而這也讓我變得更加不安。

所以我這次才會以「留職停薪」為主題,希望能畫出自己在這段期間的不安和掙扎,以及我做了哪些有益的事。如此一來,或許就能利用自身經驗,多少幫助到那些正在請假,或者今後有打算申請留職停薪的人們。

雖然這麼說或許會被罵,但我由衷地認為留職停薪對我來說是一個非常有幫助的體驗。所以,如果有人正在為此感到愧疚或羞恥,我想告訴你們:「留職停薪並不是一件壞事。」此外,現今社會對「休息」這件事普遍抱持負面的看法,我也希望能藉由自身的力量讓社會變得更加肯定休息的價值,如果這部漫畫能讓大家有所啟發,那就太好了。

第2話 這是「教育」

【1章】罹患憂鬱症

Essay 02

「雖然覺得新人做這些很正常,但是⋯」

大學畢業進入出版社工作時,我還以為自己「實現夢想」了。不過,我原本就是個不善交際的人,或許是因為有點溝通障礙,除了跟負責指導我的前輩比較熟之外,我在職場上幾乎沒有可以敞開心聊天的對象,最後也因此漸漸受到孤立⋯⋯那種感覺真的非常難受。

再加上當時我們部門只有我一個應屆新人,讓我不禁懷疑是不是只有自己需要總編輯不斷糾正。此外,與其他部門的同期相比,我也被指派了許多其他人不用做的事情,雖然我經常心想:「為什麼只有我需要做這種事情?」然而周遭並沒有處於相同立場的人可以訴說煩惱,因此即便有些不愉快,我也還是以「畢竟我還是新人,做這些也是理所當然的」、「大家應該都是這樣走過來的吧?」等說詞逼自己不要放在心上。

不過,如今回首一看,「教育」和職場霸凌之間的界線真的是一個既模糊又複雜的問題。即便我們再怎麼努力隱藏內心的傷痛,依然無法在不受影響的情況下生活,而心中的焦躁感亦會在不知不覺中逐漸擴大,最終導致憂鬱症發作。

第3話 是把我當成燙手山芋嗎…

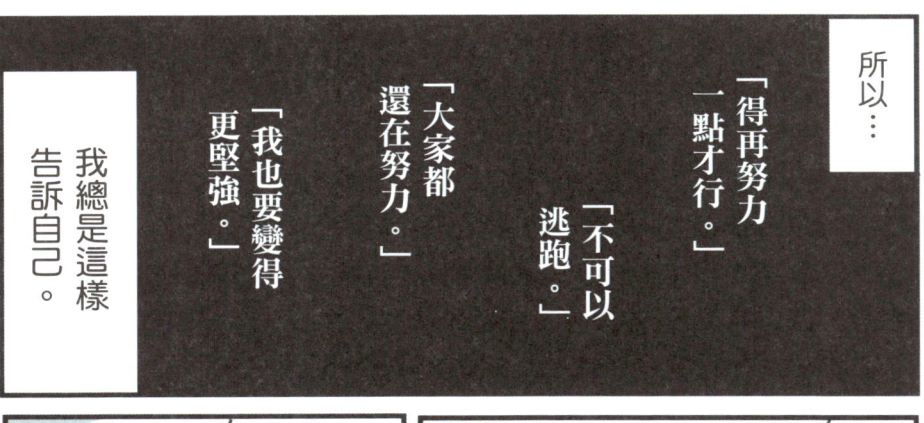

Essay 03

「將自己這10年來的心情畫成漫畫」

　　雖然沒辦法和家人討論職場的煩惱，但我曾經將這些事說給朋友或公司的同期聽。只是久而久之，我也開始擔心他們或許正忙著工作，便漸漸不敢找其他人商量。如今回首一看，倘若當初有跟某個人訴說，或許一切都會有所不同。

　　甚至當時，我還覺得老是因為上司的隻言片語感到受傷的自己或許也有不對。畢竟從小開始，周遭的人就經常說我「太在意一些小事」，小學時的班導也叮嚀過我：「如果總是為這種小事受傷，今後會沒辦法好好活下去喔。」

　　曾經有人問我：「像這樣一邊回想上司說過的話和那些痛苦的過去畫漫畫，妳不會難受嗎？」說不難受絕對是騙人的，但是，為什麼我會變成這種狀態？因為我太脆弱嗎？脆弱有什麼不對嗎？不可以逃跑嗎？逃跑後會迎來什麼？這10年來，我都在不斷思考這些事；同時，我也想將自己的經歷和感受表達出來，藉此昇華自己心中的想法。所以能以這種方式具體呈現出來，真的讓我非常感激。

【1章】罹患憂鬱症

【1章】罹患憂鬱症

Essay 04

「從沒想過要去醫院」

　　自從上司對我的「教育」開始後，每天早上要去上班時，我都會覺得很憂鬱。

　　隨著身體愈來愈無力，我也逐漸意識到自己的身體似乎有所異常，然而我從未想過要去醫院。或許，我的心中多少也有些類似精神論的想法，所以才會一直試圖說服自己「軟弱是不行的、只要努力就能解決所有問題」。

　　朋友推薦我去看身心科時，老實說我嚇了一跳。當然，我一直都知道有身心科這種地方，但我還以為自己與那裡無緣⋯如果沒有朋友的建議，我肯定不會主動踏進身心科的醫院。而且，我當時以為自己是因為個性關係，才會時而心跳加速、時而惶惶不安，完全沒想到居然會嚴重到需要去就醫的地步。

　　聽到要去看身心科，有些人可能會有些猶豫不決，或者對此抱有可怕的刻板印象，但實際經歷過後，我由衷地覺得當初有去看診真是太好了。希望能透過這部作品，讓大家知道及早就醫的重要性與意義。

第5話 第一次留職停薪

【1章】罹患憂鬱症

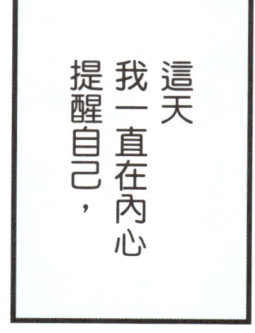

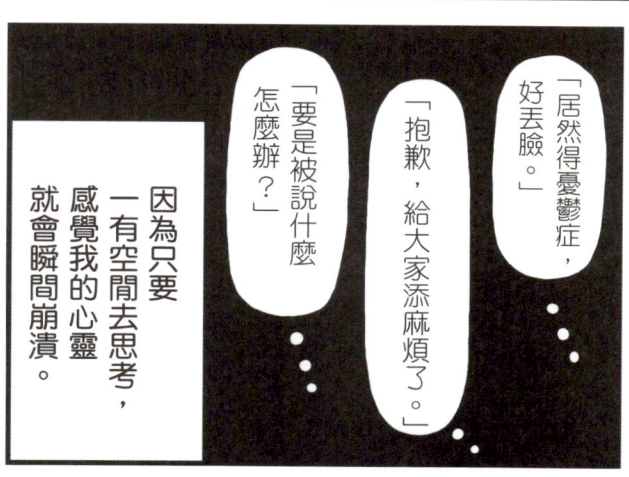

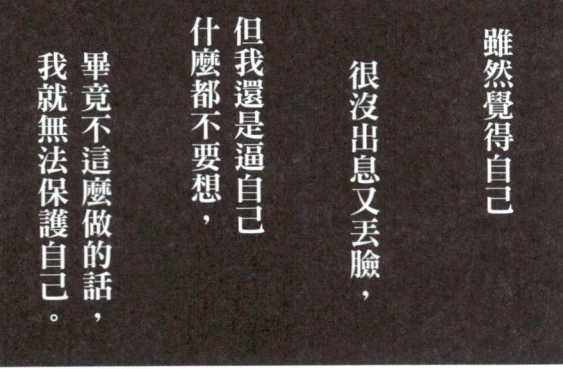

Essay 05

「得知不安的原因後,我終於放心了」

　　第一次去看身心科時,我真的非常緊張。由於我過去總對身心科抱有可怕的刻板印象,在得知看診費就跟感冒去看耳鼻喉科一模一樣的當下,反而讓我嚇了一跳。不過,現在因為疫情的關係,去看身心科的人似乎增加了,有時候初診病患可能很難預約進去,倘若有讀者考慮去就醫,我會建議你盡早預約。

　　許多憂鬱症患者會說:「沒想到我會得憂鬱症,打擊好大」於是我也細細回想了自己當時是否有相同的感受,結果我發現自己被診斷出是憂鬱症時,其實鬆了一口氣。那種感覺就像終於知曉自己長久以來時而心悸、時而不安的原因般,反而覺得很安心。

　　順帶一提,這部漫畫的主角(自己)是兔子,其他的登場人物則是沒有臉的人類。這不僅是因為我畫功不足,最主要的原因或許是我實在不擅長且害怕與人類相處,所以才畫不出來。不過,不擅長的事情就是不擅長,辦不到的事情就是辦不到,我認為這也是個性的一部分,今後我也會繼續畫無臉人的……

[2章] 留職停薪生活

第6話 怎樣才算「休息」?

就這樣，我展開了留職停薪的生活。

唔～嗯…

已經早上了嗎…得起床才行…

必須睡覺…

但好不容易申請了留職停薪，就應該好好休息吧…

嗯?

奇怪…

起身

休息…

覺

驚 究竟該怎麼做才好?

【2章】留職停薪生活

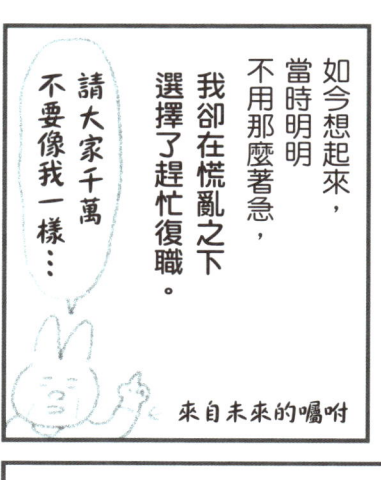

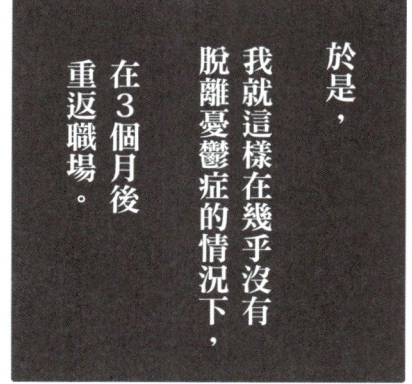

我是不是要趕快復職啊…

驚一覺

如今想起來，當時明明不用那麼著急，我卻在慌亂之下選擇了趕忙復職。

請大家千萬不要像我一樣…

來自未來的囑咐

而這也可能是自尊心在作祟。

預約看診…

啊～有好多東西要準備…

傳郵件給公司…

其實當時我的內心深處，並不覺得自己有憂鬱症，甚至一直試圖說服自己那只是心態的問題。

休息了這麼久，我已經沒問題了～

憂鬱症全都好了～

超有精神～!!

於是，我就這樣在幾乎沒有脫離憂鬱症的情況下，在3個月後重返職場。

復職當天
嗚嗚…好緊張。
辦公室入口
早安—
嗶
啊…早安…
總覺得人群好可怕…
喧鬧
喧鬧
喧鬧
一想到大家都知道我留職停薪過，就莫名覺得好丟臉…
總之先坐在座位上…
真想馬上回家…
但是…畢竟是我自己決定要復職的…
盡量低調一點吧…
先設法撐過今天吧…
Naonyan小姐~
嚇到

| 這樣啊，那麼，接下來有一場早會… | 是…是的…抱歉給大家添麻煩了… | 妳今天復職啦。 |

復職當天

妳來跟大家打個招呼，說妳今後會努力加油吧！

本來就已經覺得很羞恥，

想要立刻消失了，

我一定要特別在超過百人的職員面前說出自己曾經留職停薪的事情嗎？

這個瞬間，我的腦中變得一片空白。

Essay 06

「不知道怎麼樣才算休息」

　　正式進入留職停薪生活後，最令我深感體悟的就是「休息並不是一件容易的事」。還在工作時，我假日會和朋友出去玩，或是去買東西，基本上在外居多。而且，通常我們都會覺得假日就是用來恢復體力和養精蓄銳，好讓自己下禮拜能繼續努力奮鬥，因此當你無須工作，只需要休息時，反而會不知道該怎麼度過這段時間才好。

　　後來，因為我認為自己必須儘快復職，最終只休息了3個月就決定重返工作崗位。雖然當時的記憶已經有些模糊，但我記得自己好像是在向產業醫生和公司表達了想要復職的意願後，就回到了工作崗位上。如今我很想告訴過去的自己：「妳的憂鬱症根本還沒好，未免太心急了。」當時做出那個選擇，真的是一大敗筆……

　　此外，我也有將申請留職停薪的事情告訴最初建議我去身心科就診的朋友，因為那位朋友本身非常了解憂鬱症，印象中她當時還跟我說：「能申請留職停薪真是太好了呢。」但是，除了那位朋友之外，我擔心周遭的人知道我有憂鬱症會開始對我有所顧慮，所以我沒有將自己的病情和申請留職停薪的事告訴其他人，當然也沒有告訴家人。

第7話　已經沒辦法再努力了

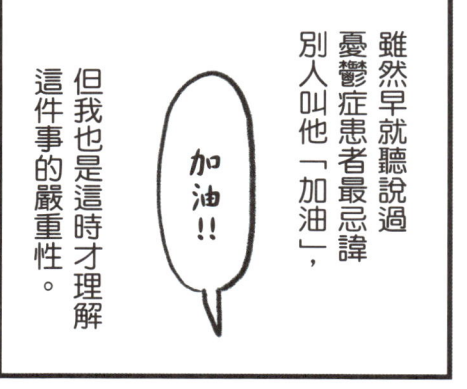

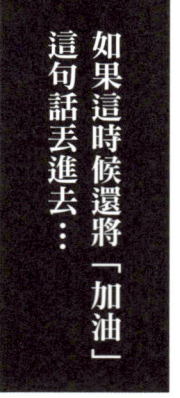

妳來跟大家打個招呼，說妳今後會努力加油吧！

咦？我一定要說自己會加油嗎？

而且還在那麼多人面前？

為什麼？怎麼辦，我辦不到…

雖然早就聽說過憂鬱症患者最忌諱別人叫他「加油」，但我也是這時才理解這件事的嚴重性。

加油!!

因為陷入憂鬱的人，光是讓自己活著就必須拚盡全力

連呼吸都覺得好累…

其實已經很努力在「加油」了。

比喻來說，就像一杯快滿出來的水。

岌岌可危

如果這時候還將「加油」這句話丟進去…

咻—
加油

【2章】留職停薪生活

水就會滿出來。

而憂鬱症患者的心靈也會因此而崩潰。

潑出

咚!

不行一!!

咦…咦…咦…怎麼辦…

我已經沒辦法再努力了…

明明應該要說自己會加油,

卻連撒謊都辦不到…

這時我混亂的腦海中,

突然浮現一句話。

「逃跑吧。」

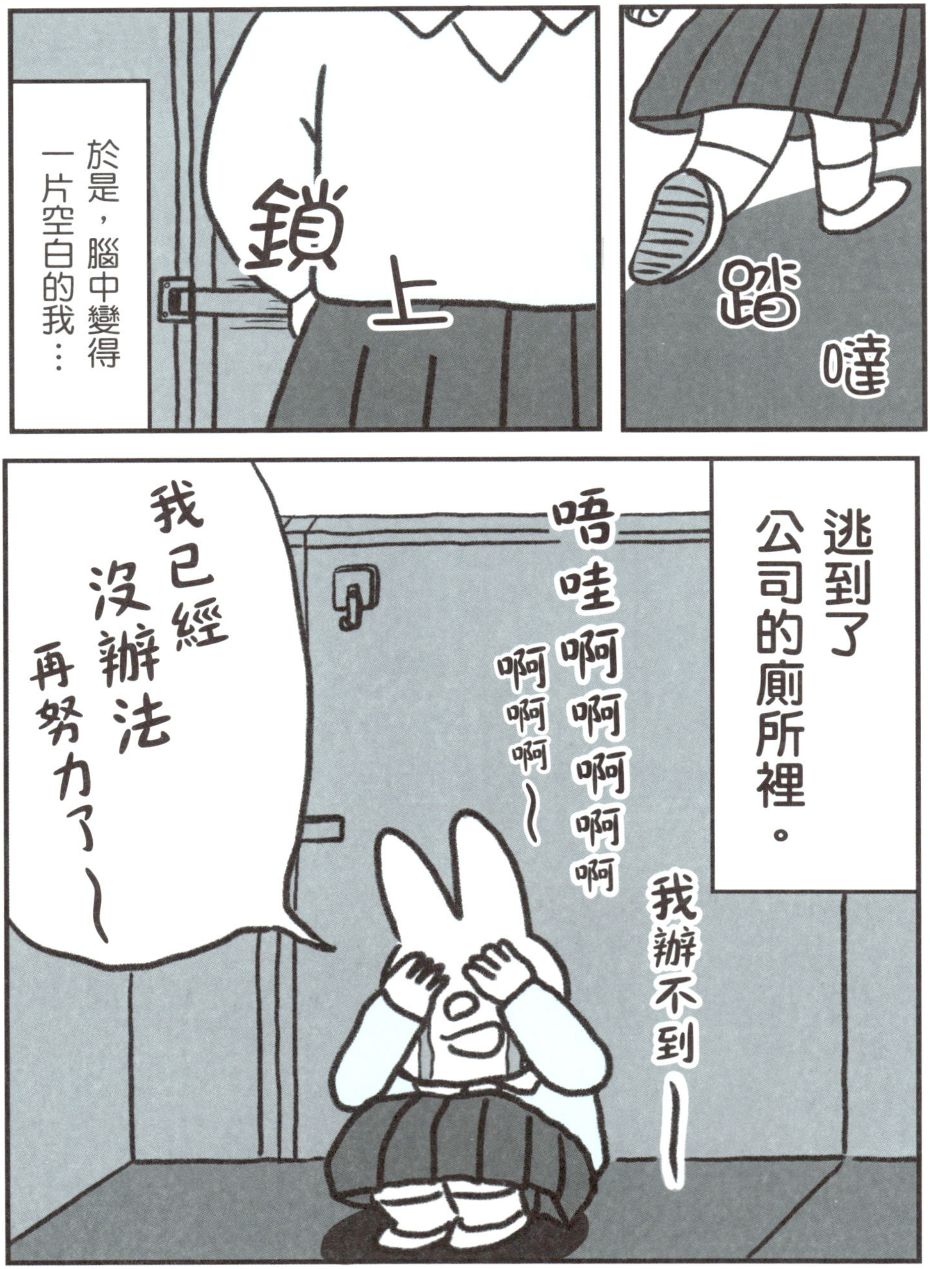
於是，腦中變得一片空白的我……
鎖上
踏
噠
逃到了公司的廁所裡。
我辦不到～
唔哇啊啊啊啊啊啊啊啊～
我已經沒辦法再努力了～

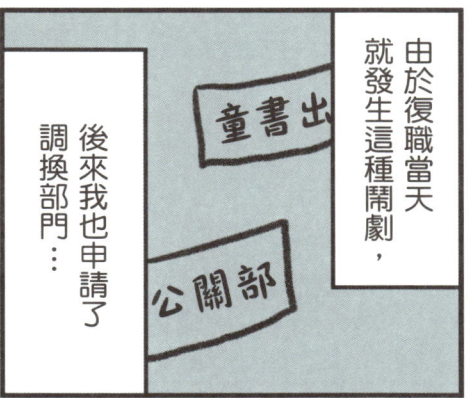

【2章】留職停薪生活

躲在廁所2小時後,同事們紛紛來勸我出去。

嗚嗚 嗚嗚

那天最後就這樣回家了。

由於復職當天就發生這種鬧劇,後來我也申請了調換部門⋯

童書出
公關部

但可能是因為憂鬱症還沒完全好的關係,讓我每天都非常無力。

放空⋯

於是,憂鬱症又復發了。

留職停薪申請書

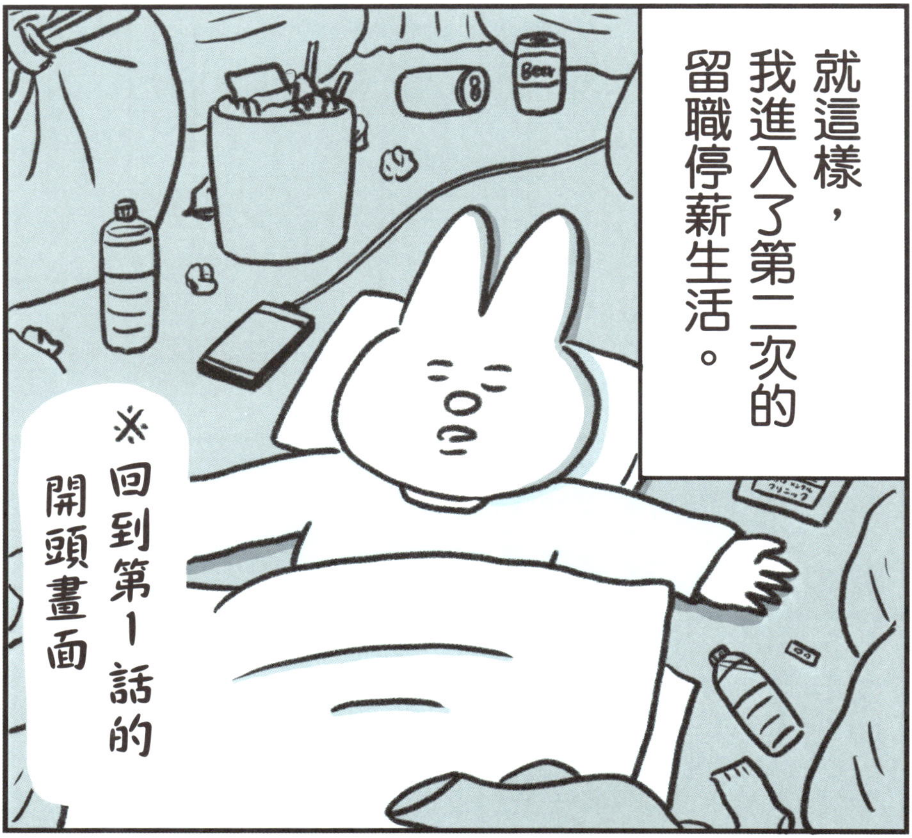
就這樣，我進入了第二次的留職停薪生活。
※回到第1話的開頭畫面

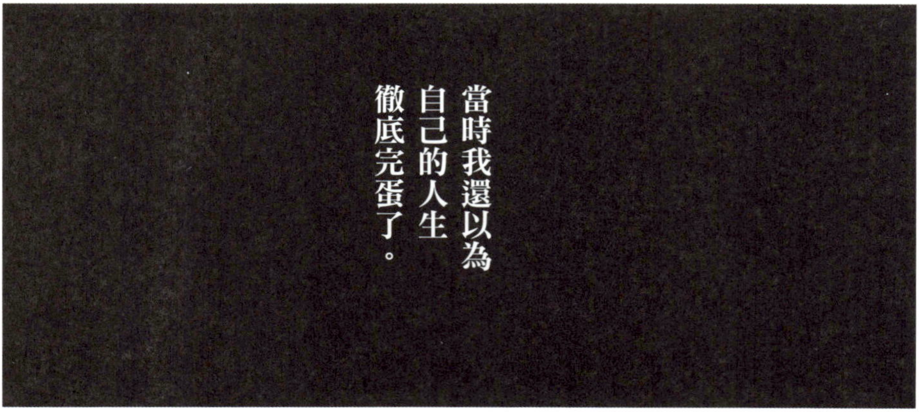
當時我還以為自己的人生徹底完蛋了。

Essay 07

「『加油』這句話讓人很有壓力」

　　從以前就經常聽別人說，不能對憂鬱症患者說「加油」，實際上我自己罹患憂鬱症後，每次聽到這句話也都會不禁心想：「明明都已經這麼努力了，到底還要我怎麼辦？」因而感到非常痛苦。不過，即便我們想要告訴對方「不要太勉強，適度努力就好」，卻也難以找到適當的說法，要是日文中也有像英語「Take it easy」這種能直白的表達方式就好了，可惜並不常見⋯⋯正因為我知曉「加油」一詞會帶來怎樣的痛苦，面對和我一樣有憂鬱症的人，我通常會以「輕鬆一點，按照自己的步調來吧」等說法鼓勵對方。如今回想起來，要是當時能有人告訴我「人生還很長，不用急～」，我應該會非常高興吧。

　　以我的狀況來說，當時我認為自己「必須努力才行」，所以就算病情並沒有真的好轉，也還是匆匆忙忙復職了。因此，當自己無法按時上班，又時常請假，最終還是無法正常工作時，我每天都處於自我厭惡之中。那段時期，我的症狀真的非常嚴重，就算好不容易撐到假日，也會產生「今天睡著後，再過一天就又要上班了⋯⋯」這種消極的想法，對生活完全不抱一絲期待，於是才重返職場5個月，我就再次進入了第二次的留職停薪生活。

第8話　想要有所改變

自從進入第二次的留職停薪生活後，我幾乎每天都過得像個廢人。

不僅生活日夜顛倒，

而且只有必要時⋯才會趁半夜外出去超商買東西。

慢吞吞⋯
一次囤5天份的量

050

【2章】留職停薪生活

除此之外的時間，我都在睡覺。

第一次留職停薪時就是太心急才會失敗，這次一定要好好休息。

其實這些都是場面話。

實際上我只是不想面對現實。

因為睡著就不用思考現實的事⋯

我每天都一邊吃老本一邊沉溺在夢裡。

就這樣過了好幾個月後，某天⋯

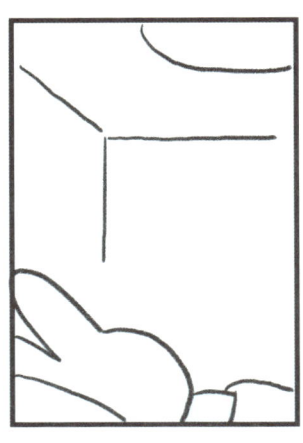

咦?

熄掉

家裡突然停電了。

對喔,我沒去繳電費⋯

因為沒力氣講電話,就一直無視電力公司的通知⋯

完蛋了⋯

打一擊

得趕快去繳錢才行。去超商繳⋯

啊—太暗了,都找不到錢包。

要是被斷電,就真的要一整天在黑暗中生活了⋯

到處翻找

我需要光!

先把窗簾拉開吧⋯

※遮光窗簾

拉開

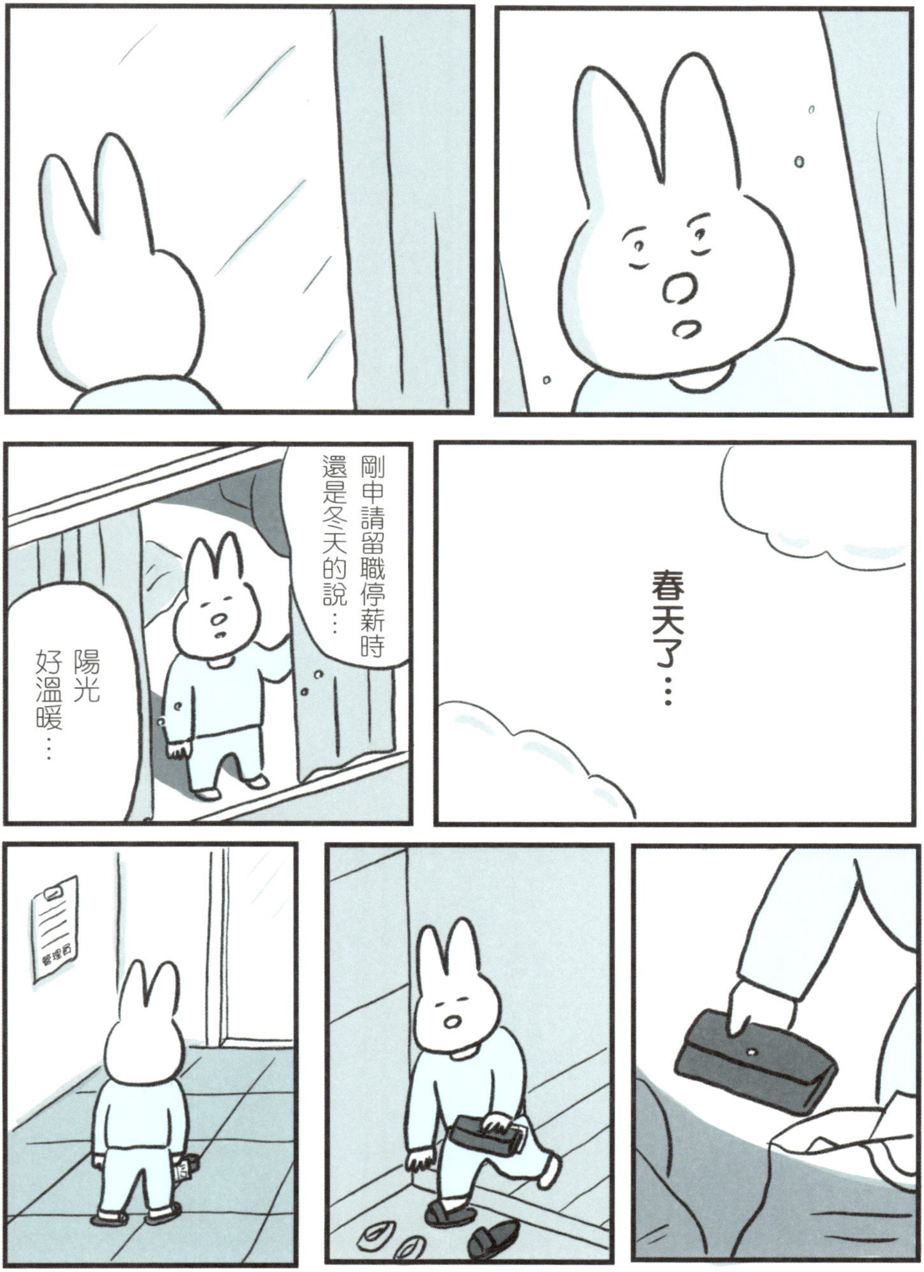
剛申請留職停薪時還是冬天的說…
陽光好溫暖…
春天了…

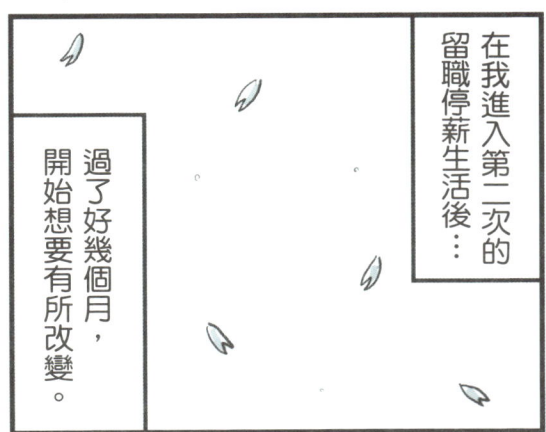

那時晴空塔才剛蓋好，到處都能聽到人們的歡笑聲。

許久沒漫步於白天的世界…

讓我覺得很高興。

春天…真不錯呢。
而且心情居然能變得這麼好，真是太感動了…

再多走一會兒吧…

在我進入第二次的留職停薪生活後…
過了好幾個月，開始想要有所改變。

Essay 08

「最令我高興的是，自己還能感受到快樂」

　　由於第一次留職停薪時，沒有好好休息便急著重返職場，讓我不得不馬上申請了第二次留職停薪，而這段時期的我基本上就像個廢人一樣……有時憂鬱症也會伴隨著一些身體變化，像我就變得非常瘦，這是因為罹患憂鬱症後，我就失去了一切動力，連吃飯的力氣都沒有。不僅懶得吃飯，連移動都覺得很麻煩，當時的我不論做什麼都嫌麻煩，最後甚至瘦到每次翻身時脊椎碰到床都會感到疼痛不已。不過，聽說有些人服用抗憂鬱劑會增加食慾，導致體重隨之飆高，因此每個人的身體變化可能都有所不同。

　　在留職停薪期間，我的生活可說是完全日夜顛倒，直到某天我為了繳費被迫在中午外出，看到沐浴在溫暖的陽光底下，充滿人潮且熱鬧的世界，我頓時覺得「很快樂」。或許因為我是容易受冬季憂鬱影響的體質，每到冬天我的症狀都會變得更加嚴重，所以只要稍微感受到春天的溫暖便會高興不已，而且暖洋洋的天氣本身也會令人心情好轉，讓我不禁覺得自己的憂鬱症似乎也隨著春天的到來有所緩解了。

第9話　無法忘記的景色

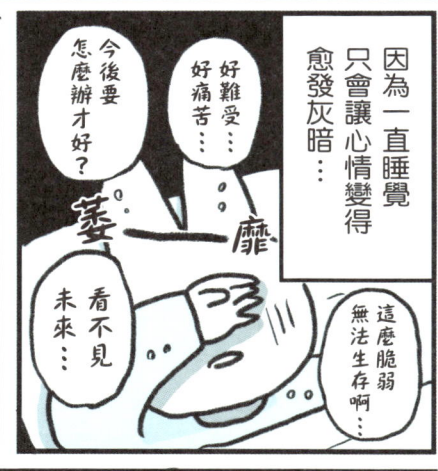

經過幾個月的留職停薪生活後，我開始想要改變自己。

首先，把房間打掃乾淨吧…

因為一直睡覺只會讓心情變得愈發灰暗…

好難受…
好痛苦…
今後要怎麼辦才好？
看不見未來…
這麼脆弱無法生存啊…

於是我上網查了有效緩解憂鬱症的方法。

搜尋「憂鬱症」、「有效的」再加上「改善方法」。

我看看喔—
嗒嗒嗒

哦—晨走啊…

晨走的好處
能有效緩解憂鬱症

發現早上去散步似乎能活化血清素，讓人變得更有精神。

雖然我不太擅長早起，但先嘗試看看吧…
我辦得到嗎…

【2章】留職停薪生活

就這樣，我開始試著去晨走。

唔哇，太陽好刺眼…

綁緊

但好像意外地沒問題呢…慢步前進…

或許是因為我幾乎每天都窩在家裡，去晨走反而能排解壓力，甚至讓我有種稍微和社會產生連結的感覺。

社會在正常運轉…

希望能堅持下去…

慢步前進…

當然，有時候也會受到情緒影響而無法外出。

今天狀況不好…

這時候我就會好好睡一覺。

一步 一步…

到了晚上再去散步。

夜晚的街道跟白天的感覺截然不同呢…

尤其是晴空塔在晚上總會閃爍著耀眼的光芒，存在感比白天更加強烈。

啊，是隅田川！

吾妻橋

而且街上也沒什麼人，就像這個世上只有我一樣…

既興奮又刺激—

【2章】留職停薪生活

呼…

畢竟也走了很久，去橋下休息一下吧…

哇─
好漂亮…

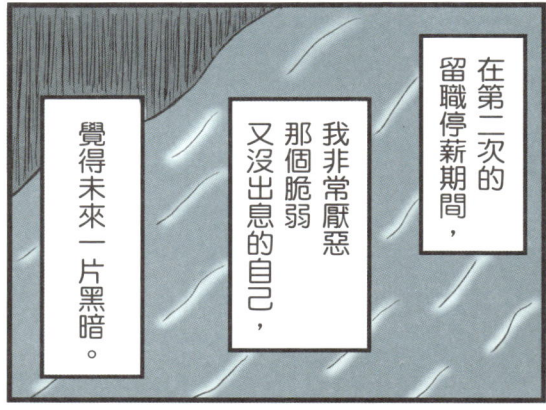

在閃閃
發光耶─

那些光芒就像
融進了水裡般…

正因為在黑暗之中，
光芒才更加耀眼。

在第二次的留職停薪期間，
我非常厭惡那個脆弱又沒出息的自己，
覺得未來一片黑暗。

但或許正是這段黑暗的日子，
才讓我能看見人生的曙光。

好好珍惜
這些日子吧…

這樣想後，
那天晚上我的心情
變得輕鬆了一些。

Essay 09

「絕望也是有意義的」

　　夜晚時，水面上映照著光芒的隅田川與我以往所見的景色截然不同。原因有兩點，其中一點是我雖然有機會在白天看到隅田川，但卻很少有機會在晚上去那附近逛逛。因此，當我看到淺草的燈火與被燈光點綴的橋梁倒映在河面上時，腦袋中頓時有種暈眩般的感覺，真的非常迷人又令人感動。

　　另一點則是與精神狀況有關，當時的我受憂鬱症所苦，只能申請留職停薪，每天都鬱鬱寡歡，覺得自己是個一無是處的人。然而，正是在那種絕望時刻看到的景色，才會顯得異常地美麗。或許這就跟罹患重病的人會感嘆「原來櫻花這麼美麗啊」的說法有些相似，至今我仍然無法忘記那晚看到的隅田川，而那個畫面如今也成為我內心的支柱，這讓我不禁想，或許絕望也有其存在的意義。

　　而關於「晨走」，雖然我不是很擅長早起，但因為覺得堅持下去是有意義的，就算當天中午才起床，也會在下午或晚上去散步。不過長期持續下來，過去那不規律的生活作息早已得到改善，像這樣堅持做某件事也能提升對自己的信心，甚至連身體狀況都逐漸好轉，因此我非常推薦大家每天去散步。

第10話 原來我是值得活下去的…

妳的恢復狀況很不錯喔,這次會繼續開同樣的藥給妳。

○○身心科診所

在第二次的留職停薪期間,我每個月都會去身心科回診一次。

好的,謝謝您。

而且還會每天去晨走…感覺自己慢慢好起來了…

呼!

然而,唯獨某件事還是讓我感到很痛苦。

○○身心科診所

開—門

那就是大家都在工作，只有我在休息的「愧疚感」。
左顧右盼
心神不寧
惴惴不安
這間身心診所真的離公司好近喔—
原本是想說找近一點比較方便…
顫抖…
不想遇到公司的同事…
上班族們…
大家都在努力工作…
總覺得自己好像異類…
我卻在這邊休息…
好有罪惡感，真想消失…
不如直接讓我變成一個隨便的人，這樣應該會輕鬆很多吧…
能放假太爽啦～!!
罪惡感什麼的能吃嗎～??
好討厭這樣不上不下的自己…
結果明明是因為憂鬱症才請假的，
只有我沒在工作，只有我是個廢物，只有我是社會累贅…
好難受好痛苦好煎熬…
陰——沉
有時候這個狀態反而會讓我的病情加重。

不不不，這樣下去不行…

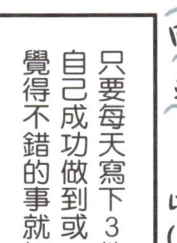

坐起

為了徹底振作起來，

畢竟第一次時失敗了…

在這段休假期間，我必須讓自己保持正向的想法才行…

於是我開始每天寫日記。

Diary

這是一種我在網路上看到的治療方法，名叫「稱讚療法」。

以樺澤紫苑醫生（身心科醫師）的「三行正能量日記」最為出名。

※ 訓練自己回想快樂的事並且寫下來。

只要每天寫下3件自己成功做到或覺得不錯的事就好。

當時的我非常需要肯定自己。

唔—嗯…

今天不僅有早起，還吃了烏龍麵，再來就是…

還有什麼來著…

唔—嗯…雖然沒做什麼值得稱讚的事，隨便什麼都可以，先找3件事出來寫吧…

沙沙沙

總之就先試著每天寫寫看吧…

今天天氣真好，好幸福喔～
唔—嗯…
伸懶腰～
咦？
我剛才腦中自然而然就想到了好的事情耶。
!!
自從開始照著稱讚療法的方式寫日記後，
・睡覺
→休息
・發呆一整天
→放鬆一整天
・吃了冰
→冰好好吃，真幸福～
我逐漸養成在無意識中正向思考的習慣。
此外，只要回顧每天的日記…
翻頁…
感覺我的狀況好像愈來愈好了，
就能客觀地看待自己…
或許我也有在以自己的方式努力著…
Diary

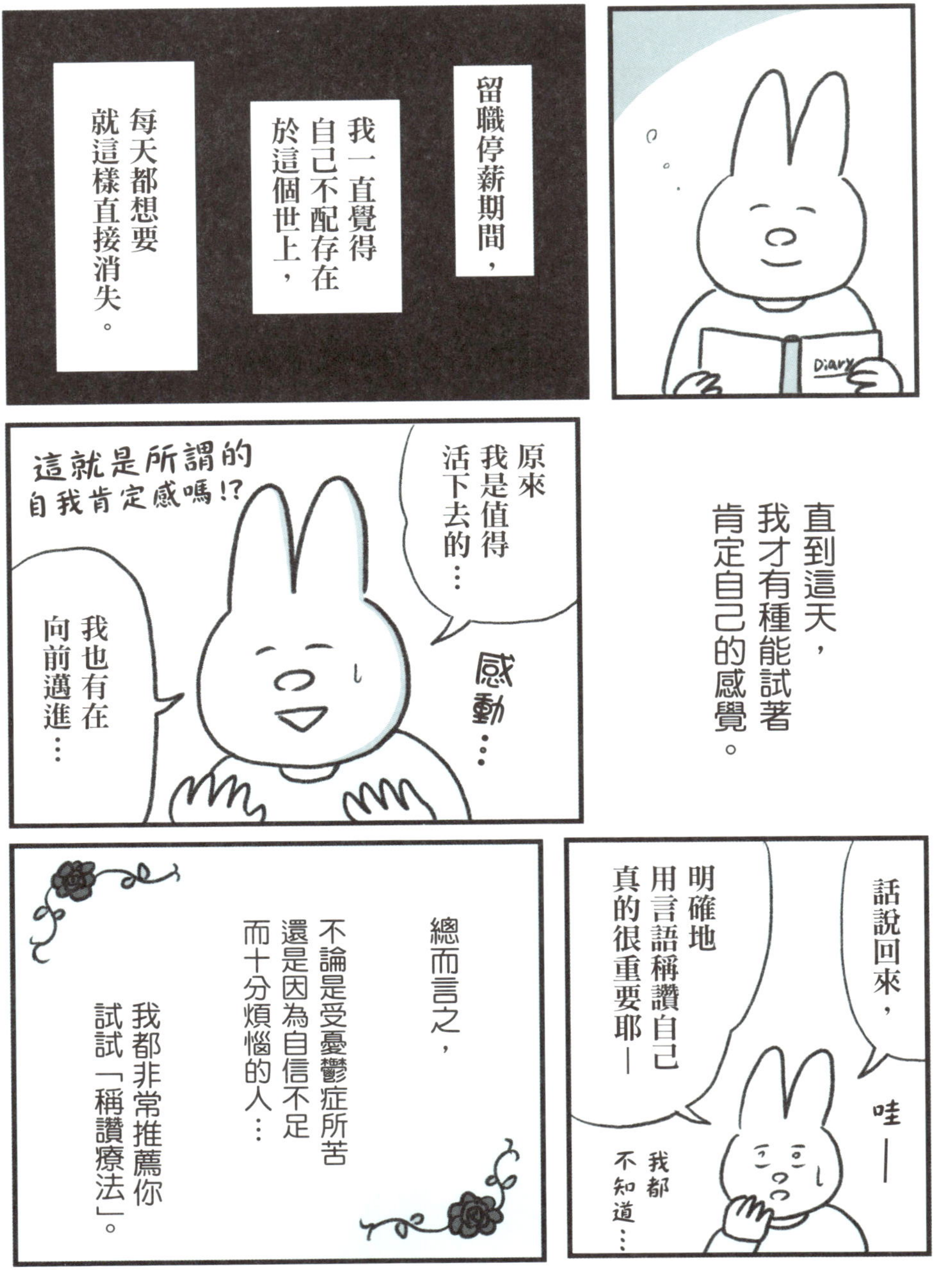

留職停薪期間，
我一直覺得自己不配存在於這個世上，
每天都想要就這樣直接消失。
直到這天，我才有種能試著肯定自己的感覺。
原來我是值得活下去的…
感動…
我也有在向前邁進…
這就是所謂的自我肯定感嗎!?
話說回來，
明確地用言語稱讚自己真的很重要耶—
哇—
我都不知道…
總而言之，
不論是受憂鬱症所苦還是因為自信不足而十分煩惱的人…
我都非常推薦你試試「稱讚療法」。
Diary

Essay 10

「『稱讚療法』的好處」

　　在留職停薪期間，有時回診時看到路上正在工作的人，我都會產生強烈的罪惡感。雖然我在私人生活裡有點散漫不太認真，但我想自己應該還是偏認真的人。正因為總是有「一定要○○」、「得再○○才行」的想法，才會不斷將自己逼到極限，其實我也希望在這方面能稍微隨性點。

　　本章節有提到「稱讚療法」，以我個人來說，真的只是記錄一些微不足道的事情而已，例如：「剛才喝的咖啡很好喝」、「今天洗了衣服」、「看綜藝節目笑得很痛快」之類的。除了記錄做到的事情之外，我還會寫一些讓自己感到開心或覺得不錯的事，透過這個方式，你會發現本來枯燥無味的日常生活，其實也有許多美好的地方，因此我認為這個療法不僅適合憂鬱症患者，同時也很適合自我肯定感偏低的人。

　　順帶一提，我至今都還在持續進行「稱讚療法」，雖然相較於病情最嚴重的時期，記錄次數已經減少許多，但我希望盡可能將這件事養成習慣。當我覺得記在筆記本上太麻煩時，我會用手機的行事曆記錄，而且在睡前紀錄可以回想起快樂的事情，並帶著愉快的心情入睡，醒來後也能以積極的心態展開新的一天，非常推薦大家試試這個方法！

第11話 暖心的一句話

自第二次留職停薪後，已經過了半年。

季節也正式進入到夏天。

我每天早上還是會固定去晨走。

今天的狀況感覺不錯呢──

唔～嗯

就這樣試著走到走不動為止吧！

緩慢前進

踏噠…

跑到陌生的地方了…

〇×街　〇×商店街　〇×橋

【2章】留職停薪生活

話說回來，這裡是哪裡呀…

好像走滿久的——

啊，來到隔壁鎮了…

雖然很累，但卻莫名有種鬆了一口氣的感覺…

從這天開始，只要狀況不錯…我就會盡可能地到外地走走。

叩隆叩隆…

陌生的人們

陌生的河川

陌生的街道

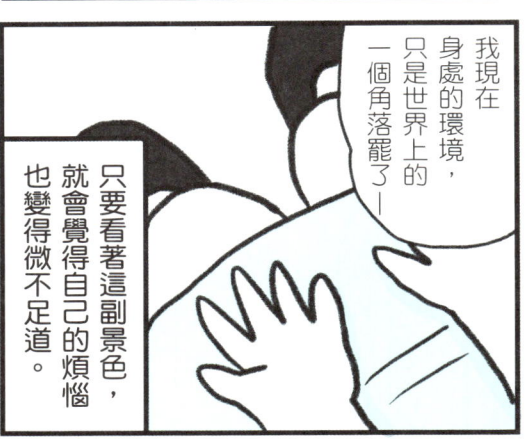

其中我最喜歡的是⋯

在陌生的街道眺望那些陌生人的家。

今天也有人在我不知道的地方努力過生活呢⋯

好感慨⋯

世界真寬廣啊⋯

我現在身處的環境，只是世界上的一個角落罷了——

只要看著這副景色，就會覺得自己的煩惱也變得微不足道。

這時，我想起了一句話。

那是我開始休假前的事了。

人事部長⋯這是我的申請書。

不好意思，又要申請留職停薪了⋯

戰戰

兢兢⋯

嗚嗚…好尷尬…
消——沉
Naonyan小姐啊—
妳要不要趁留職停薪這段期間去旅行？
別把事情想得這麼複雜啦—
應該能幫助妳轉換心情喔。
老實說，我嚇了一跳。
因為我一直覺得罹患憂鬱症而申請留職停薪的自己對公司來說肯定是個負擔…
謝謝您…
他明明是人事部長，卻願意站在我的角度給我建議…
當時那句話真的令我非常感動，因此時常會想起這件事。
我應該活得更自由一點才對…

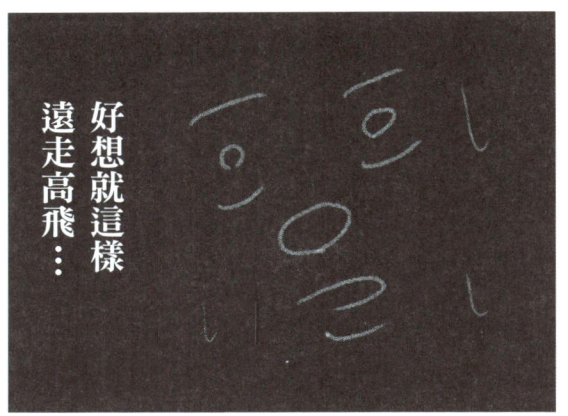

這個瞬間,似乎有一股衝動貫穿了我的心。

好想就這樣遠走高飛⋯

既然我都逃離工作,逃離了公司,逃離東京了,不如也試著逃離日本吧。

如果一直逃避下去,最終會變成怎樣呢?我突然很想知道這個答案。

於是,我開始準備逃離日本。

Essay 11

「來自人事部長的暖心建議」

　　留職停薪期間，我走過了許多不同的街道。在這個過程中，最令我深有體悟的是——在我不知道的地方，每個人都有各自的生活。當我們感到難受時，經常會下意識將自己當作悲劇的女主角，但自己的痛苦本來就只有自己才知道，它甚至微不足道到像海洋中的一滴水那般無足輕重。只要走在陌生的街道上，眺望陌生的房屋，我就會產生這樣的想法，同時也會讓我感覺輕鬆許多。

　　我曾經將人事部長的那句話分享在社群媒體上，進而引起了很大的反響。起初我還擔心寫出這樣的內容會不會被抨擊，沒想到出乎意料地大受好評，很多人表示：「如果我也能遇到這樣的人事部長該有多好」。

　　每當回想起那句暖心的建議，我都會有種「好想就這樣遠走高飛」的衝動，只是我基本上是個軟弱又缺乏行動力的人，但也正因如此，我更希望自己能把力所能及的事情做好。其實這部漫畫也是早在 10 年前就規劃好了，當時我在公司的洗手間裡暗自決定：「總有一天絕對要把這件事畫出來。」與其說我意志堅強，不如說我的執念強烈到足以支撐我花費 10 年來完成這件事。

逃到了公司的廁所裡。

唔哇啊啊啊啊啊啊啊~

我已經沒辦法再努力了~

我辦不到~

留職停薪申請書

[3章] 於是我來到越南

終於到越南的…已經晚上了…胡志明市了。

第12話 當即決定前往越南

回想起人事部長的那句話後,讓我開始想到遠方旅行。

「妳要不要趁留職停薪這段期間去旅行?」
「別把事情想得這麼複雜啦——」
「應該能幫助妳轉換心情喔」

當然,也曾為此感到內疚不已。

趁留職停薪期間去旅行真的好嗎⋯以常理來說應該不行吧⋯?

（背德感／重壓）

不過現在談什麼常理根本沒意義吧⋯不僅申請留職停薪,但我想改變自己⋯

甚至還是第二次了⋯

反正我的人生早就已經完蛋過一次了,乾脆直接逃去國外吧⋯

於是我馬上去旅行社諮詢。

「原來如此⋯預算○萬圓以內⋯」
「我想想喔——」
「同時還要是女性能獨自去玩的地方啊。」

（遞出⋯）
「這樣的話,您覺得這裡如何?」

女性旅遊 NO.1
越南之旅
胡志明市觀光5天3夜
這一刻我的內心不禁澎湃洶湧。
怦怦…
怦怦…
那麼，我要去越南！
請告訴我該準備什麼!!
激動
好ー的
下定決心後，
護照
我開始準備行李…
5天3夜的衣物
1個月後。
終於…
6小時的夜間飛機
出發囉～!!
出發前往越南胡志明市。
※由於我是2012年去的（新冠肺炎發生前），可能會與現在的狀況有所不同，還請見諒。

UỐC TẾ TÂN SƠN NHẤT
終於到越南的…
已經晚上了…
XXOO
胡志明市了。
哦哦…總覺得空氣中飄散的味道也不太一樣…!
嗅嗅
這是某種調味料的味道嗎—
聞起來真香
有種外國的感覺!
啊!
抵達後的行程表
會有接送巴士
離開入境大廳後
請到〇〇號乘車區
對了!得趕快去搭接送巴士才行…
在哪裡!?
右盼
左顧
找到了!!
等一下—
小跑步
總算搭到了…
接送巴士
轟隆隆…
太好了…
轟隆隆…
轟隆隆…
咦…突然變得好緊張…
而且我還不會說越南語—
怦怦…
憑著一股衝勁就跑來了,真的沒問題嗎…
怦怦…
怦怦…

HA HOA
哇！好厲害～
轟隆隆…
居然三貼騎機車耶！
還有好多沒看過的霓虹燈招牌…
看著窗戶外的景色，
我心中的不安也在不知不覺中轉化為期待和興奮。
轟隆隆…
停下
啊，到了！
飯店就在前面了。
謝謝～!!
不知道是怎樣的飯店，好期待喔—
驚！

飯店
↓

哈…哈…哈…
嘿…嘿…嘿…

不喜歡狗（超怕）
呀—

我的越南獨旅究竟會如何發展呢…

Essay 12

「只要會說旅遊書上的日常用語就沒問題了」

　　會選擇去越南旅行是因為宣傳冊上的水牛和湄公河等悠閒風景吸引我，還有椰子汁等食物看起來很美味。其實我原本想多待一陣子，但因為沒有足夠勇氣，也沒那麼寬裕的預算，最後只選了5天3夜的行程……（笑）。

　　我是在2012年左右去旅行的，整趟旅程幾乎都只靠旅遊書上整理的生活越南語和當地人交流，雖然我的英語也不太好，但似乎還是能勉強溝通。此外，越南人真的非常友善，當我遇到困難時，他們總會主動過來詢問是否需要幫忙，多虧了這份善意，我才能順利度過這趟旅程。

　　順帶一提，我當時還帶了一本「便條紙」到越南，購物時只要在上面寫下需要的東西拿給店家看就好，這樣不僅能在當地購買需要的物品，買來的東西還能當作紀念品。尤其是當地非常炎熱，披著長髮會有點礙事，那時我就買了一條髮圈應急，直到現在那條髮圈都還是我的愛用品。

　　關於要去越南旅遊的事，我當時並沒有告訴家人，畢竟我也沒有跟他們說自己申請了留職停薪。這麼說起來，我好像直到現在都沒有跟他們提過這件事……（笑）。

第13話 人類就是這種生物呢

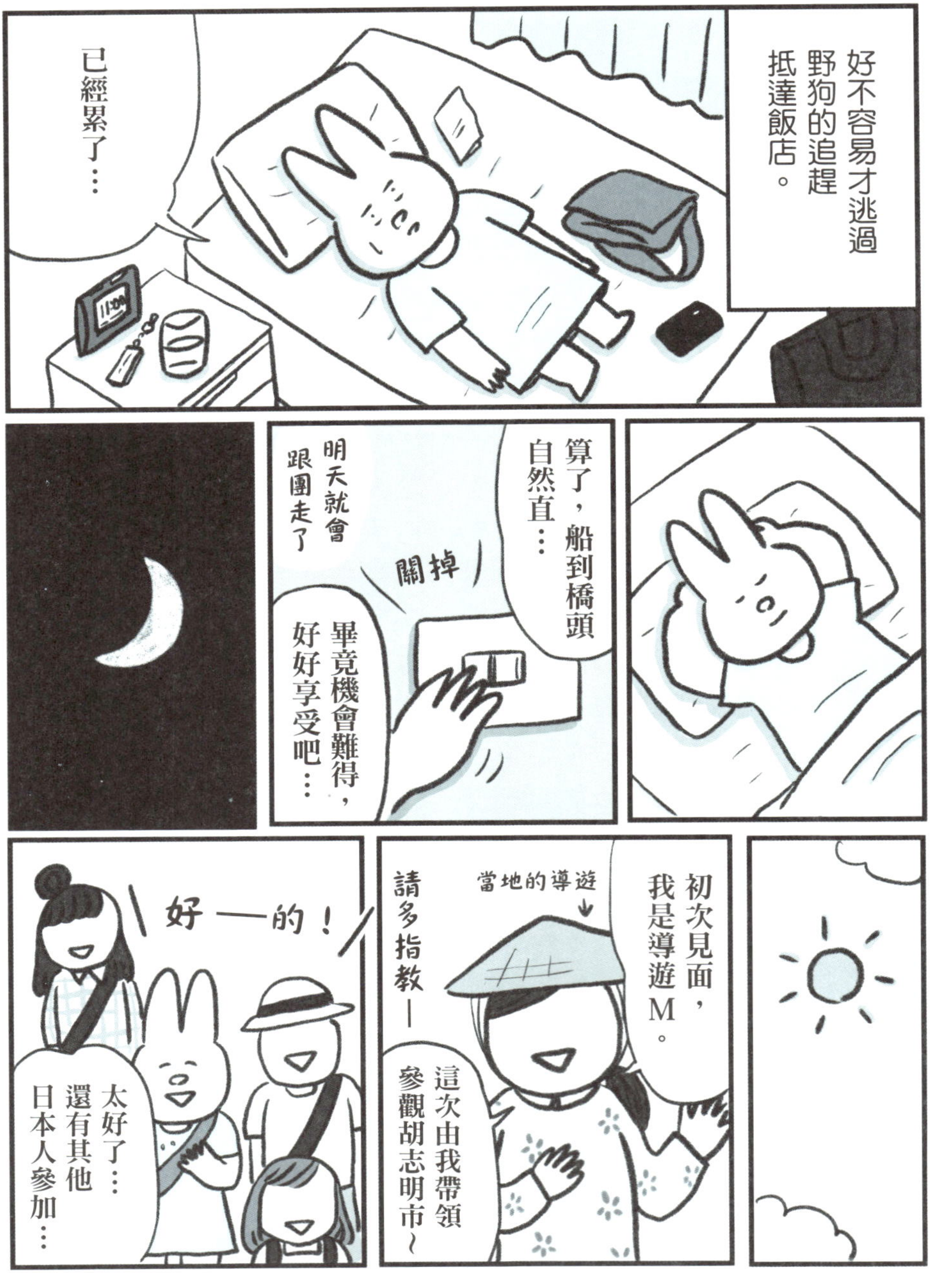

團遊第一天，
我們搭船欣賞湄公河的美景，
參觀養蜂園。
大量的蜜蜂
然後不知為何，還要把巨蛇圍在脖子上拍紀念照。
很好玩喔～
來，圍著吧—
喀嚓
嚇得我都哭出來了…
當時的照片
好啦，午餐吃越式料理喔—
耶——!!
好好吃！
吃下
那個…這道菜非常的好吃！

或許是身處異國帶來了某種解放感，讓我變得能積極地與其他人搭話。

真的耶！好好吃～

那…那個，不好意思。

接著要往這裡喔～

啊—…這個嘛。

就只是因為想睡啦—

為什麼越南人那麼常在睡覺呢？

在街上經常能看到吊床，而且大家從白天就躺著休息，甚至還有人會直接在攤位上睡覺，究竟是為什麼呢…?!

「就只是因為想睡。」
由於那個答案太過簡單，讓我非常衝擊⋯
頓時覺得感慨萬千。
也是，睏了就是睏了嘛⋯
團遊最後會開放大家自己在胡志明市散步。
散步好開心啊~
在路邊攤販買的斗笠
嗯？
滴答⋯
哇，午後雷陣雨！
嘩啦
奔跑
嘩啦

下雨時就找地方躲雨,雨停後再繼續前進。

人類就是這種生物呢⋯⋯我這麼想著。

後來我還去喝了一杯越南咖啡,又去市場逛逛,

濱城市場

最後坐下來眺望西貢河。

總覺得越南的時間似乎流逝得格外緩慢。

好自由⋯

Essay 13

「越南人的隨興讓我鬆了一口氣」

　　我本身並不是會主動跟別人搭話的人，但或許是來到異國後感受到某種解放感，在觀光地區我總能自然而然地與人暢談。畢竟我們和這些人只會在此刻短暫地交會，即便做了什麼出格的事，也不過是旅途中的一個回憶而已，像這種無須持續維繫的關係讓我感覺非常自在，因此能以最自然的姿態面對一切。

　　而在料理部分，我從以前就很喜歡吃越南河粉，難得去了越南自然要吃個盡興。其中最令我印象深刻的是在當地品嚐到的越南煎餅（有點像越南版的大阪燒），真的非常美味。就連回國後，我仍然對它念念不忘，甚至經常去越南餐廳點來吃。雖然它算是平價美食，但裡面放了很多新鮮的蝦子，味道極其鮮美。如果你還沒吃過，有機會請一定要嘗試看看！

　　另外，雖然不能一概而論，但我所看到的越南人都非常隨興。有些人會在機車上小憩，有些人則是在顧店時打瞌睡，他們真的在哪裡都可以睡著。雖然不知道疫情過後是否有所改變，但當時街上經常能看到吊床，每當看到那些大白天就悠哉地休息的人，我的內心也會感到輕鬆許多。

第14話 「逃跑」究竟是什麼意思!?

隨著越南之旅進入尾聲…

西貢河

時間流逝得好慢…真和平呢…

躺下

好不可思議…

我真的來到了很遙遠的地方呢…

直到3個月前我明明都還閉門不出的說…

我本來就是從工作中逃跑,再從公司逃跑,最後甚至逃離了日本,才來到越南的…

感覺好像已經過了很久…

一直在逃跑呢…

真感慨～

奇怪?

【3章】於是我來到越南

話說「逃跑」究竟是什麼意思呀?

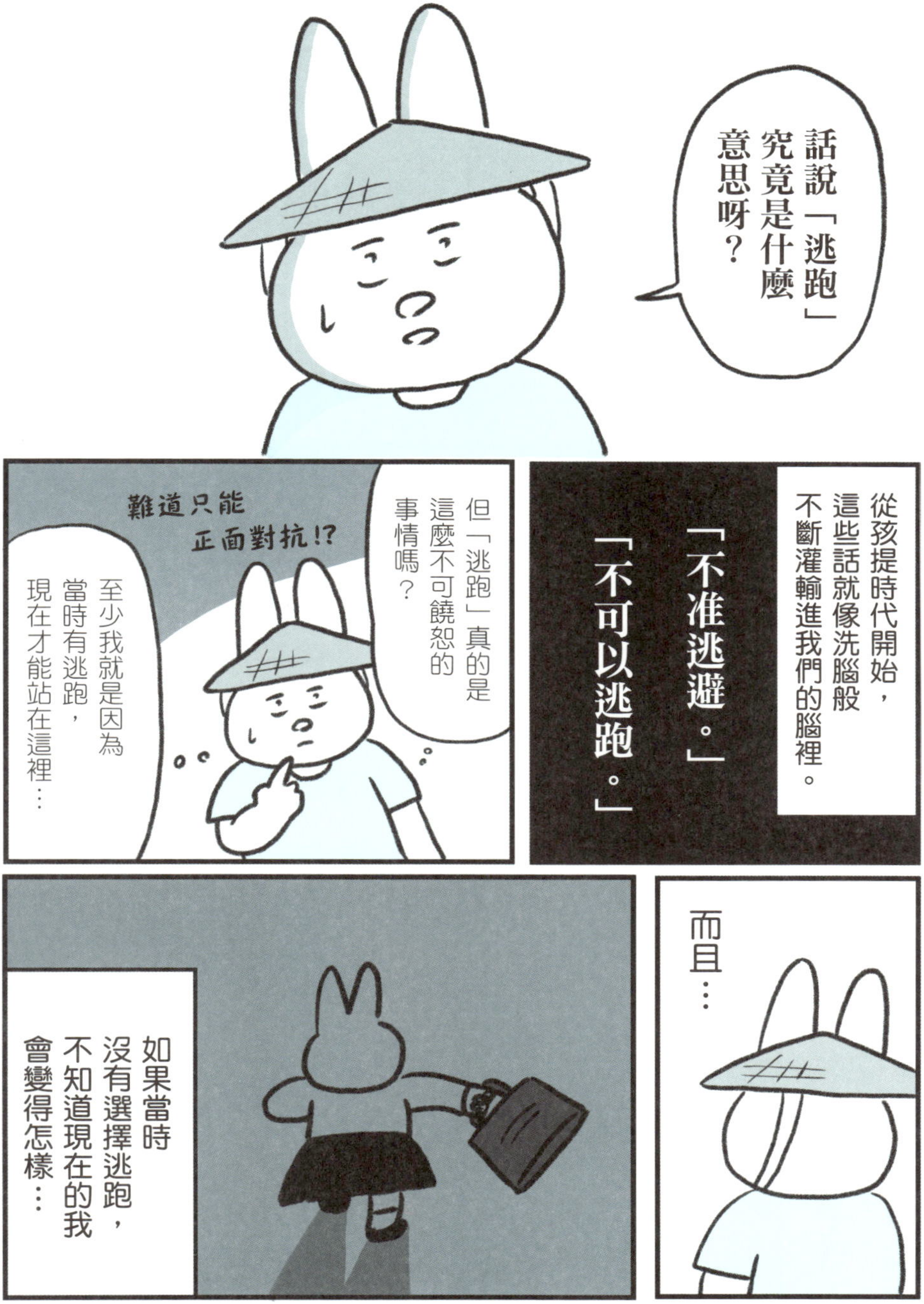

從孩提時代開始,這些話就像洗腦般不斷灌輸進我們的腦裡。

「不准逃避。」
「不可以逃跑。」

但「逃跑」真的是這麼不可饒恕的事情嗎?

難道只能正面對抗!?

至少我就是因為當時有逃跑,現在才能站在這裡…

而且…

如果當時沒有選擇逃跑,不知道現在的我會變得怎樣…

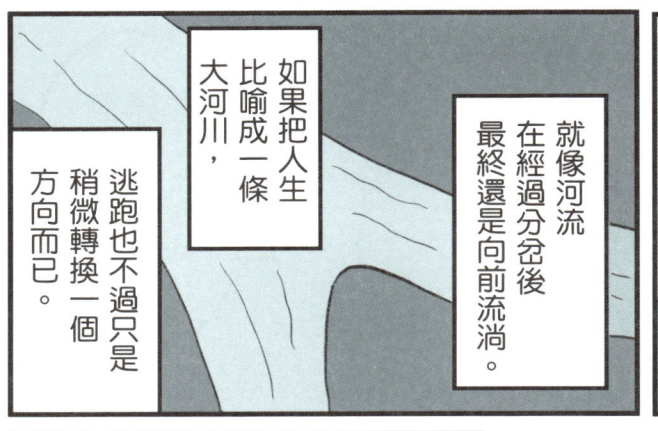

如果把人生比喻成一條大河川，就像河流在經過分岔後最終還是向前流淌。

逃跑也不過只是稍微轉換一個方向而已。

或許正是因為有逃跑，我才能繼續向前邁進。

這種感覺應該只有自己才能體會吧⋯

不過，這是我經過親身經歷所得出的領悟。

那一刻，體內深處彷彿湧現出一股力量。

眺望著緩緩流動的西貢河，我覺得自己的心靈不再受到拘束。

好像是要走這裡…
那麼，差不多該回飯店了…
夕陽都下山了…
起身
※正好碰上尖峰時段的車流量
噫噫噫噫噫噫—
轟隆隆——
驚！
沒錯，說到越南大家應該都知道。
混亂到讓人懷疑是不是不存在交通法規的道路
轟隆隆—
他們不僅沒有紅綠燈，
路上還總是充斥著大群機車。
順帶一提，當地人都會像這樣抓準時機過馬路。
我怎麼可能辦得到…絕對會被輾過的…
健步如飛

可是如果要去飯店，就只能走這裡…
好，走吧…
毅然
顫抖…
顫抖…
30分鐘後
嗚哇——
轟隆隆！
果然還是不行——！
或許我命中注定要被機車輾過…
媽媽，謝謝妳生下我…
哆嗦…
搖搖晃晃…
拍！
咦？什麼意思？是叫我跟著他走嗎？
雖然聽不懂他在說什麼…
怦怦
這個突然出現的人究竟是？

Essay 14

「罹患憂鬱症讓我得以重新審視過去的自己」

在我決定申請留職停薪後，之所以會經常覺得自己「很沒出息」、「像是在逃避」，或許與我父母對我灌輸的觀念有很大的關係。由於我的父母都是個性認真，並且對教育十分上心的人，導致我從小就被灌輸了許多類似精神論的想法，也正因如此，當我無法努力下去或選擇逃避時，總會覺得自己做了非常糟糕的事情，甚至因此逼迫、責備自己。但是，自從我罹患憂鬱症後，我開始覺得並不是只有那樣才是正確的，如今我甚至覺得多虧有發生這件事，自己才得以重新審視過去那些固執的想法。

這本漫畫描繪的是大約 10 年前的事情，那時我就想：「總有一天我應該會以某種形式將這件事描繪出來吧」，所以這次完全是透過回憶，將自己當時的想法如實畫出來而已。比較可惜的是當時只有拍幾張西貢河的照片，導致後來在創作漫畫時稍微缺少了一些資料，讓我相當後悔，早知道就多拍幾張照片了。

此外，身為一個總是看紅綠燈過馬路的日本人，看到越南的馬路肯定會覺得：「這要怎麼過啊！」因此建議第一次去越南玩的人，先上網看看當地的導覽影片……（笑）。

第15話 再見了，越南

【3章】於是我來到越南

那…那個…

我看看喔，越南語的謝謝要怎麼說…

奇怪…在哪裡？

翻 找 旅遊導覽

啊…對了！

掀開

那個…這給你…謝謝…

畫來畫去…

隨手畫了一張肖像畫給他

Thank you!!! GOD!!!

HAHAHAHAHA

緊張…

095

謝謝你，救世主⋯

我畫的圖讓他很開心⋯

這個瞬間，我覺得圖畫就像世界的共通語言。

心花怒放⋯

在越南的最後一個早晨，

接著，前往機場準備回國。

好漂亮一！！

花造型的冰淇淋

我吃了世界上最美的冰淇淋。

時間過得真快呢—

在留職停薪期間去國外玩什麼的⋯

【3章】於是我來到越南

一般來說是不合常理且不被允許的事情吧。

要是說給別人聽，搞不好會被罵...

而且未來的我還把這件事畫成漫畫...

不過...

好好吃!!

嘩———啦

HAHA HAHAHA

就只是因為想睡啦—

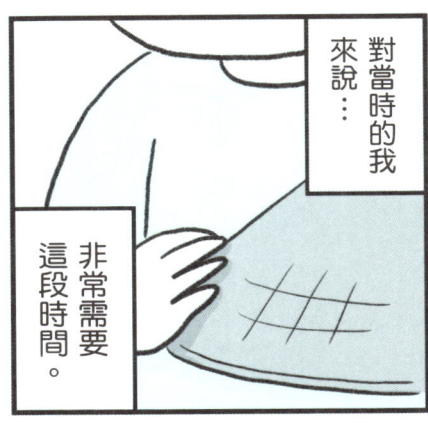

對當時的我來說⋯⋯非常需要這段時間。

而且對未來的我來說，肯定也是如此。

雖然這趟旅程很短暫⋯⋯

話說回來，真的很感謝當時那位人事部長呢⋯⋯

「妳要不要趁留職停薪期間去旅行？」

經常回想起來，真是充滿能量的一句話。

旅途就此落幕。

再見了，越南。

再見了，胡志明市。

咻——

希望有天能再來玩⋯⋯

Essay 15

「只要你想，隨時都能逃跑」

　　我從以前就很喜歡畫畫，但僅止於上課時偶爾在筆記本塗鴉的程度，實際上並沒有認真地畫過畫。不過，過去也有人看到我的畫覺得很有趣，甚至希望我可以送給他，所以當我認為一句「謝謝」無法完整地傳達自己的心意時，就會畫一張插圖並附上一句話作為謝禮。還記得當時在越南，看到那個人收到我的畫而眉開眼笑的模樣，讓我覺得圖畫就像世界的共通語言，頓時感動萬分。

　　這趟留職停薪期間的越南之旅讓我受益良多，其中最寶貴的收穫應該是我得以透過這趟旅途進行內省。在遙遠的異國他鄉，我忘卻時間靜靜地看著河川流動，認真地思考「逃跑究竟是什麼意思？」，這段時間可說是無可取代的寶物。

　　此外，我還隱約得到了一種類似勇氣和自信的東西，進而領悟到「人只要想逃，隨時都可以逃跑」。其實人本來就應該活得更自由一點，只要下定決心，隨時都能獲得自由，能透過實際經驗體會到這種感覺，讓我覺得非常值得。

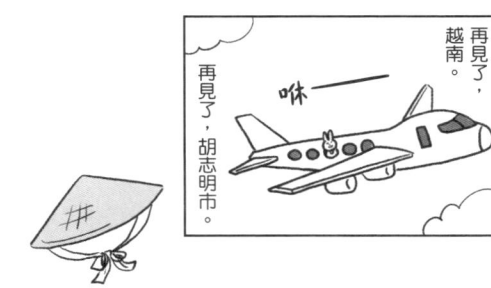

【4章】成為繪本作家之路

第16話 真正想做的事

回到日本後，我度過了一段無所事事的日子。
夏天也結束了……
差不多該來思考將來的事情了……
去了一趟越南後，
我的心靈確實變得更加堅強了。
越南
胡志明
但一想到將來的事情，還是會陷入憂鬱。
可以的話，真想逃避一輩子……
陰沉……

【4章】成為繪本作家之路

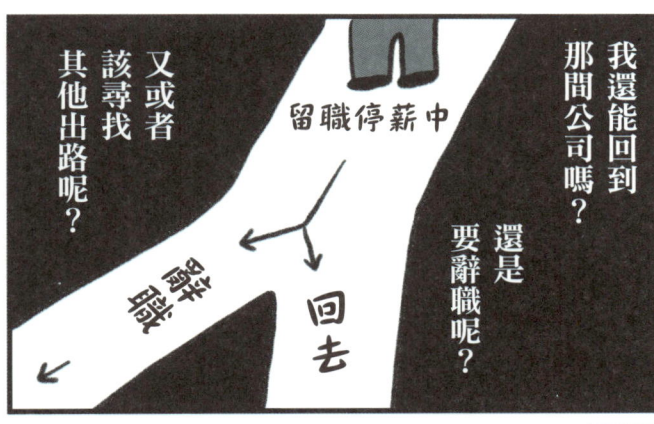

眼看假期只剩下半年⋯

9月

我還能回到那間公司嗎？還是要辭職呢？又或者該尋找其他出路呢？

留職停薪中

辭職

回去

差不多該來認真思考了呢─

唔─嗯，好憂鬱⋯

是說⋯

為什麼我會想在出版社工作啊⋯

我到底為什麼要這麼執著於這份工作⋯??

先是考上好大學，又進入競爭激烈的出版社工作，

當時競爭相當激烈，倍率甚至高達600倍左右。

我超有幹勁!!

呼呼⋯ 氣喘⋯

○×出版社

或許我是覺得這樣身邊的人就會誇我「很厲害」⋯

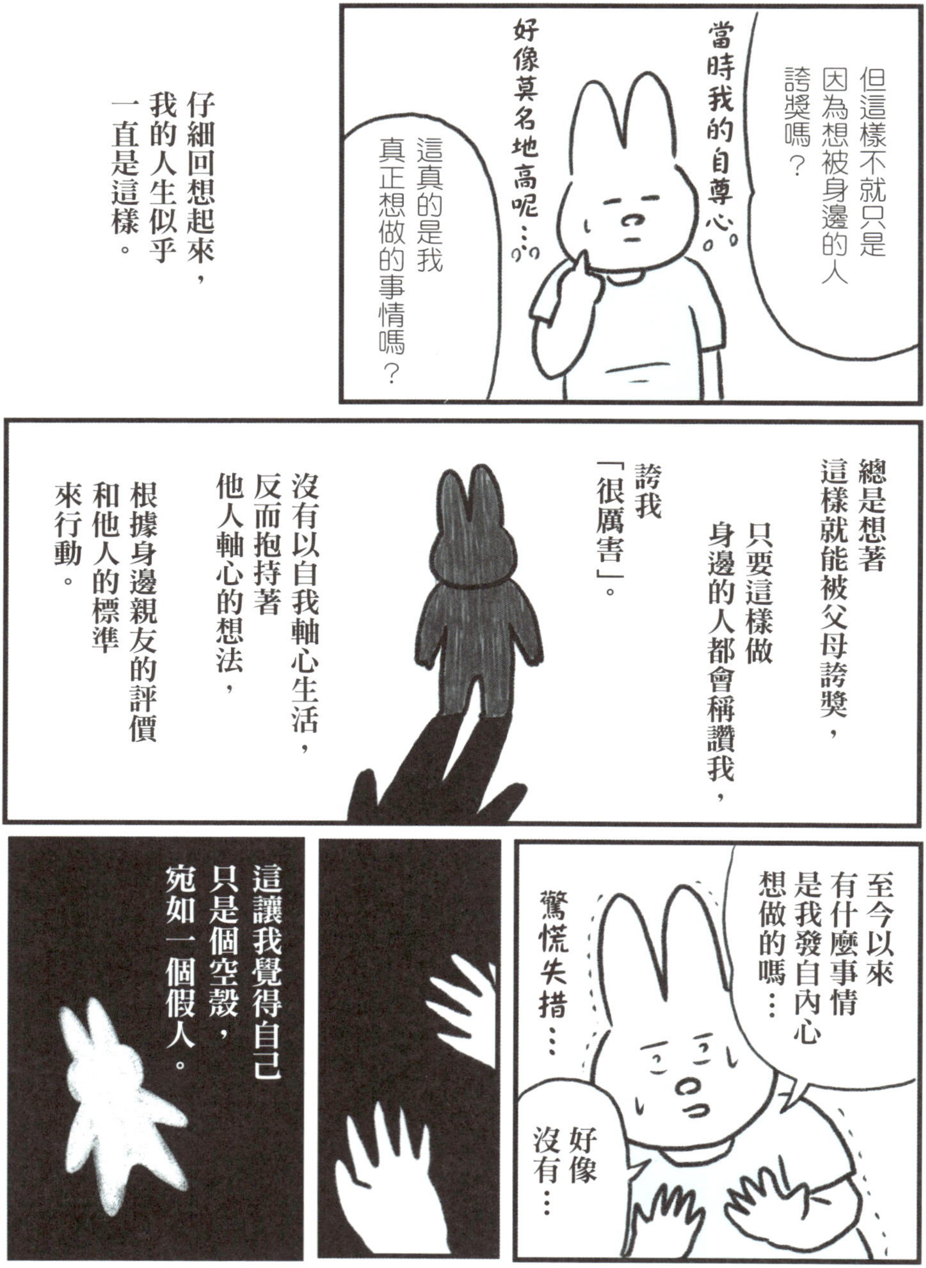

但這樣不就只是因為想被身邊的人誇獎嗎？

當時我的自尊心

好像莫名地高呢⋯⋯

這真的是我真正想做的事情嗎？

仔細回想起來，我的人生似乎一直是這樣。

總是想著這樣就能被父母誇獎，只要這樣做身邊的人都會稱讚我，誇我「很厲害」。

沒有以自我軸心生活，反而抱持著他人軸心的想法，根據身邊親友的評價和他人的標準來行動。

至今以來有什麼事情是我發自內心想做的嗎⋯

驚慌失措⋯

好像沒有⋯

這讓我覺得自己只是個空殼，宛如一個假人。

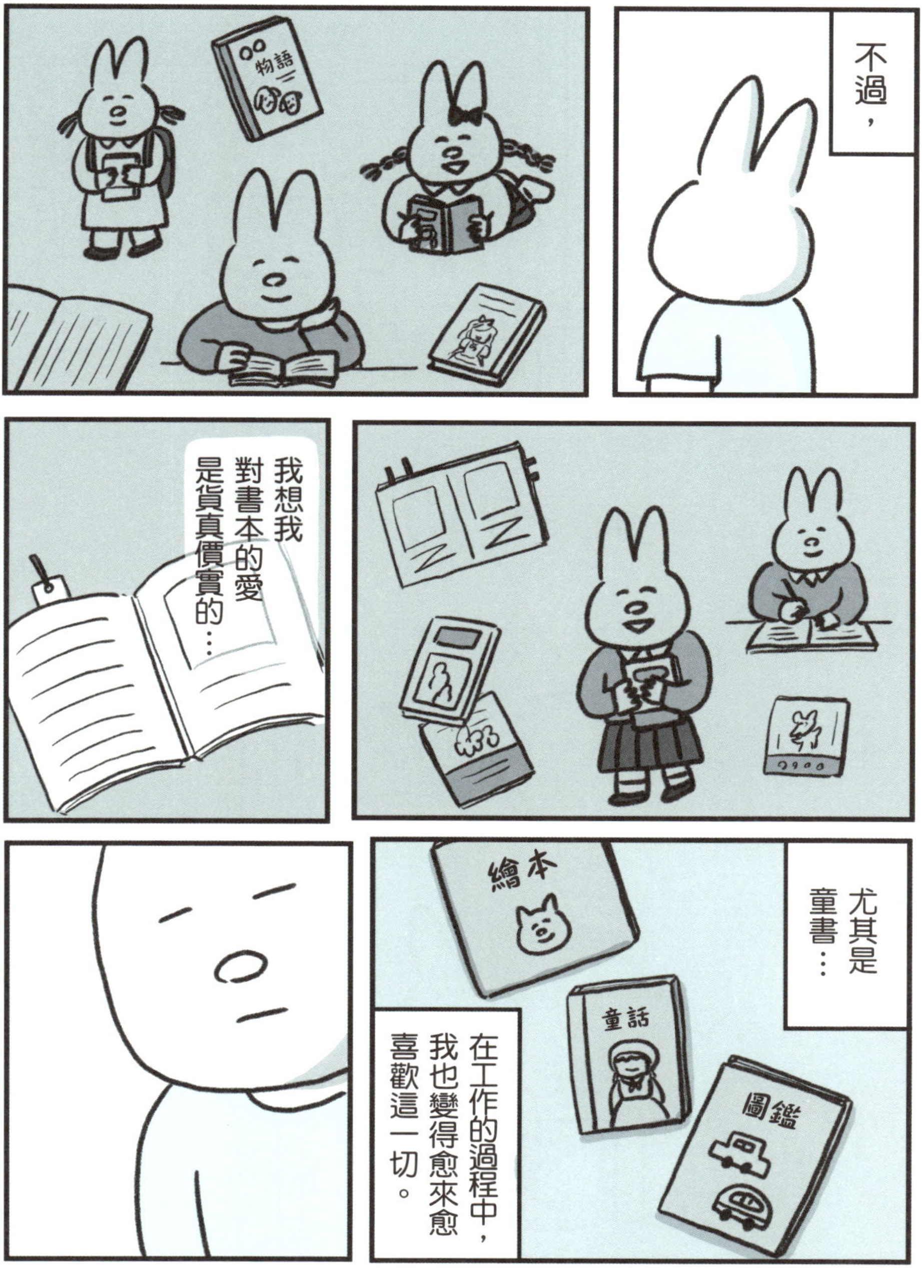
不過，
物語
我想我對書本的愛是貨真價實的……
尤其是童書……
繪本
童話
圖鑑
在工作的過程中，我也變得愈來愈喜歡這一切。

雖然沒辦法作為一位編輯給予作家們支持，

但我很喜歡與書相關的工作…大概!!

沙沙…
沙沙…

於是這次，我決定要成為一位作家。

Essay 16

「適當地逼迫自己,其實意外地重要!?」

留職停薪的假期長達1年,雖然有時也會很焦慮,但我在前期其實沒有認真思考過未來的事情。因為我害怕思考,總是下意識將這件事往後拖延,然而,眼看假期只剩下半年,我突然開始強烈地感到焦慮。這讓我發現只要將自己逼到困境,我們就不得不去面對那些過去一直拖延的事情,因此就某方面來說,適當地給予自己壓力或許意外地重要。

由於我從小就很在意他人的評價,總是想著該怎麼做才能得到稱讚,長期活在這種緊張之中,這讓我變成一個缺乏主體性的人,只會做身邊親友覺得不錯的事情,就連人生道路和興趣似乎都是別人幫忙決定的。因此我經常覺得自己就像一個空殼,甚至很羨慕那些能坦率說出自身喜好,斷言「這是我喜歡的」、「我想做這個」的朋友們。

但經過自我反思後,我覺得自己對童書的喜愛是貨真價實的,其中我最喜歡的就是艾諾·洛貝爾(Arnold Lobel)的《青蛙和蟾蜍》系列。雖然他的畫風偏寫實,帶有些許的詭譎感,但同時也非常迷人,讓我從小就深受他的作品吸引。而且長大後再重溫一遍,會發現作者的一筆一繪中都帶著深沉的溫柔,這也讓我更加喜愛這部作品。

第17話 一間一間投稿

領悟到自己無法在出版社工作後,我決定成為一位作家。

我應該是不適合在辦公室工作吧…

但我好歹也在童書出版社工作過,

只能盡可能地努力了…

總之先試著想10篇腳本吧…!

完成了……
10篇腳本……
感覺……還滿有趣的，但我自己看又不準……
唔——嗯……
總之，得先拿給別人看看……
對了，那就主動投稿過去吧！
想—起
!!
於是我開始一間一間打電話詢問出版社。
嘟嚕嚕嚕——
先在網路上查詢出版社的電話號碼，接著不停地打電話。
忐忑不安……
嘟嚕嚕—
您好，這裡是OX出版社。
嚇到！
哇，接了！
那…那個，我有幾篇繪本的原稿想請貴公司過目……
緊張……

呃——……
不好意思，敝公司目前沒有開放徵稿喔。
通話中
掛斷
被直接掛掉了……
沒錯。
由於近年來出版業愈發不景氣，書籍的發行數量也隨之銳減。
再加上出版社編輯本來就很忙碌，要讓他們撥空閱讀毫無實績的素人稿件是非常困難的。
（尤其繪本業的市場又很小）
名為「現實」的沉重巨石
呀—
壓——扁
雖然早就知道，但親自體會時還是好難受……
罷了，這也是意料中的事
啦—
即便如此，我還是堅持不懈地打了好幾十間……

總算成功找到有意願看我原稿的公司。
嗚嗚…好緊張…
好久沒和人接觸了…
忐忑不安…
搖搖晃晃…
走吧…
原來如此—
確實很有趣呢—
但現在要出新人的作品還是有點難度—
抱歉—
雖然很遺憾，只能先退還了。
暈眩…

畢竟現在的我什麼實績都沒有…自然沒有人會願意注意我…什麼都沒有的感覺好痛苦…

下意識盯著自己的手…

看著聳立在我家門前的晴空塔，是那麼地巨大。

然而我卻這般渺小，

讓我頓時覺得自己對這個世界而言或許是個可有可無的存在。

就在這時…

嗡—嗡—

哇，有電話！

您好～

啊，我是人事部的員工…

發生什麼事了…

請問近期能跟您約個時間討論復職的事情嗎？

完蛋了…

Essay 17

「我非常拚命地想擁有些什麼」

即便某個作品在我眼裡非常有趣,但在讓別人讀過前,我仍然很難斷定那個作品是否足夠完美。因此,我決定拜訪那些從未接觸過的出版社,請他們看看我的原稿,要踏出這一步需要很大的勇氣,但當時的我已經被逼到絕境,只能老實地一間一間打電話。正因為深知自己沒辦法再回到公司工作,卻沒有值得一提的實績,讓我覺得自己彷彿一無所有……甚至懷疑就是因為這樣,才沒有人願意聽我說話。或許是這種感覺太痛苦,當時才會拚命地想擁有些什麼吧。

決定成為作家時,我並沒有跟身邊的親友提過這件事,只是一個人不斷尋找願意幫我看稿的出版社。順帶一提,在開始撰寫繪本前,我並沒有進行過任何創作活動,也沒有在社群媒體上發布過什麼內容,畢竟當時的我連數位繪板都不會用。但最主要的原因,是我害怕在留職停薪期間聽到公司或親朋好友的聲音,才會刻意過著與世隔絕的生活。

不過如果是現在的話,我應該會更積極地透過社群媒體,與那些和我處境相似的人建立聯繫吧。

第18話 終於到決斷之時

關⋯關於復職的面談嗎⋯

好的⋯

那⋯那麼，先跟您約下禮拜的○號⋯

就、就這樣，麻煩⋯

這天終於來臨了。

喀嚓！嘟—嘟

啊⋯掛掉了⋯

最終還是必須做出決定是否要離開那間公司。

呀—

好討厭啊—

怎麼辦⋯

結果直到面談當天，我都還沒決定好。

因為不想去公司，特地請他們來咖啡廳面談⋯

新部門的上司們
寂靜
嗚嗚…好尷尬…
眼睛都不敢看他們…
放下…
Naonyan小姐…
妳已經請假半年，差不多該做出決定了吧？
……
雖然覺得必須說點什麼，卻不知該怎麼說。
老實說嘛…
站在公司的立場，我們還是希望妳能盡早做出決定。
如果要辭職，就早點告訴我們吧。

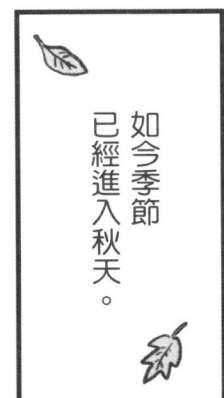

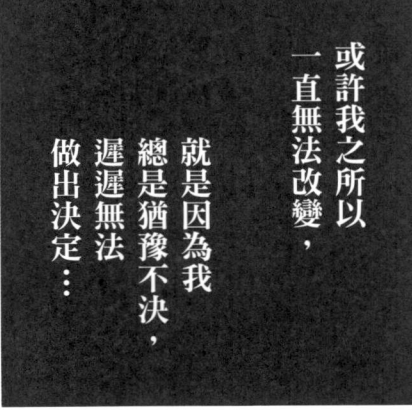

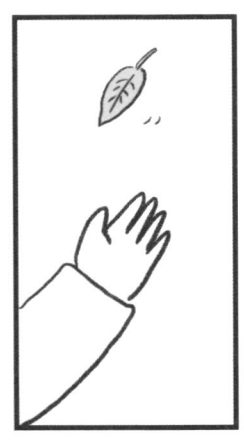

雖然只是隱約有種感覺，

但透過他的話語，我領悟到自己對現在的公司而言是一個累贅。

這也很正常啦⋯

如今季節已經進入秋天。

我是為了改變才申請留職停薪的。

因為我討厭那個軟弱到不得不請假兩次的自己。

但我真的有改變嗎？

或許我之所以一直無法改變，就是因為我總是猶豫不決，遲遲無法做出決定⋯

辭職吧。

直到失去選擇的餘地，我才終於下定決心⋯

要成為一位繪本作家。

不是「想成為」，而是「要成為」。

這次一定要好好做出決定⋯

但就算帶稿去應徵也老是被拒絕──⋯

該怎麼辦才好呢──

點 點
撰寫新郵件

最後我請以前共事過的繪本作家幫我看草稿。

抱歉讓您特地跑一趟⋯

謝謝稱讚。

超級會畫圖的繪本作家↓

嗯～感覺不錯。

內容很有趣—

是說，這個畫在旁邊的小插圖真逗趣。

唔—嗯，這個嘛⋯

～不抱任何希望，姑且交涉看看之術～

如果您喜歡這個內容，要不要跟我一起出繪本呢？

那個⋯

反正我已經沒有可以失去的東西了⋯

畢竟機會難得，妳要不要自己畫畫看？

自己⋯畫⋯嗎？

我真的畫得出來嗎⋯

Essay 18

「『恐懼』讓我無法馬上做出決斷」

當初那場復職面談大約聊了1小時左右,但因為實在太尷尬,我一直在內心祈禱著趕快結束,所以體感上就像過了6個小時般漫長……(笑)。

之所以遲遲無法決定要辭職還是復職,最大的原因是我「害怕」失去這份穩定的收入。此外,我對畢業後進入的第一間公司也有一種類似執著的情感,讓我覺得辭職是一件非常可怕的事情。尤其是「好不容易才進入這間公司,真的要這樣輕易放棄嗎?」這種想法經常動搖我的內心,導致我無法立刻做出決定。

雖然我一直想成為繪本作家構思故事,但我起初並沒有打算自己畫畫,因為在我的認知裡,長大能靠繪畫維生的應該是那些在美術大學等地方學習過的人,自己絕對辦不到。而且過去在從事編輯工作時,我也欣賞過許多畫工非常厲害的作品,這讓我更加堅信自己無法勝任這項工作……!不過,有很多事情都是要嘗試過後才會知道,透過這個經驗,我了解到勇於嘗試真的非常重要。

第19話　默默離職

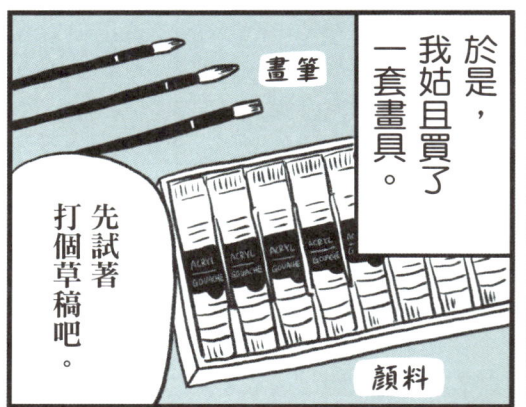

自己畫圖啊…

我真的辦得到嗎？

但也只能硬著頭皮試試看了…已經別無選擇…

於是，我姑且買了一套畫具。

畫筆

顏料

先試著打個草稿吧。

沙沙沙沙沙…

終於做出一本像樣的繪本了。
雖然一看就是素人做的
把畫印出來，用膠水貼上文字的手工繪本
後來透過作家的牽線，我認識了其他編輯。
那我先將這本繪本帶回公司和同事討論。
鞠躬
麻、麻煩您了！
希望可以通過企劃……
不過，比起這些……

能找到自己真正想做的事情，為我帶來了莫大的喜悅。

對於總是太過在意他人目光的我來說，這是我第一次體會到這種喜悅。

那種感覺真的很美妙。

接著，我去公司提交了辭呈。

○×出版社

離開

喀啦
喀啦

都要離職了，
還是沒能跟任何人說到話…
「一直以來謝謝你們」
「謝謝大家的照顧」
都說不出口…
算了，
沒關係…
畢竟我現在已經找到自己想做的事情。
這時我才知道，擁有想做的事情會讓自己變得更加堅強。
後來，繪本的企劃案通過審核。
企劃書
標題：OO
我開始研究如何畫畫。
總覺得顏色好像太厚重了…
要多加一點水嗎…!?
繪畫入門

啊，Naonyan小姐！

然後，在2014年的夏天。

這個給妳～

樣書已經完成囉！

我成為了繪本作家。

Essay 19

「尷尬又丟臉的離職日」

雖然我在漫畫中將離職當天的情景描寫得很簡單，但當時我的內心其實充滿了各種情感……！其中最令我印象深刻的就是那極度尷尬的氣氛。畢竟我請了那麼久的假，卻在離職當天突然出現在公司裡，那種感覺真的讓人非常煎熬，也讓我不禁懷疑大家是不是都把我視作一個燙手山芋，因此滿腦子都想著要快點離開那個地方。此外，由於我當時沒能跟任何人打聲招呼就離開了，事後回想起來真的覺得很抱歉，即便到現在也依然感到很後悔，但那時候的我早已被自己的情緒壓得喘不過氣，或許這也是沒辦法的事。

剛開始畫圖時，我便決定將重點放在畫出「能讓對方明白」的圖畫。尤其這是給孩子們看的繪本，基本上不需要畫出具有藝術性的作品，只要看得出來蘋果是蘋果，應該就沒有太大的問題。我甚至還會排除那些複雜難懂的元素，採用清晰的粗黑線條來勾勒輪廓，並填上鮮明的顏色，以簡單直觀的圖畫來創作。畢竟只要能傳達出自己想表達的內容即可，而且「傳達」這件事其實才是最困難的，因此直到現在，我依然會抱持著「一定要好好傳達出去」的心情全心全意地努力作畫。

第20話 為了自己休息

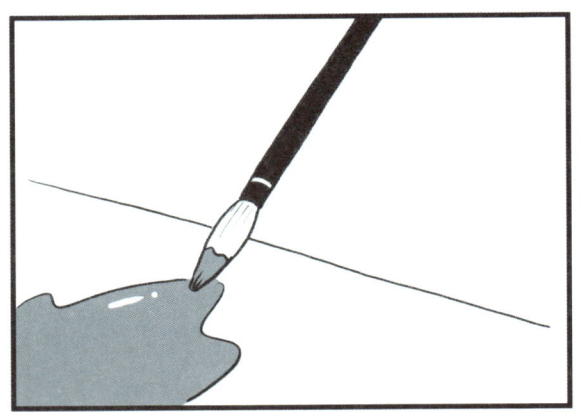

直到現在…

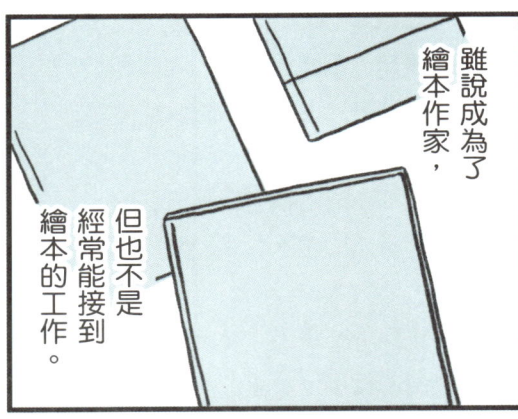

我依然以畫圖維生。

雖說成為了繪本作家,但也不是經常能接到繪本的工作。

有時也會情緒低落,甚至會陷入憂鬱…

不過我,依然努力生活。

【4章】成為繪本作家之路

在這樣的日子裡，我總是會想…

或許都是多虧當時有申請留職停薪，現在才能這樣生活…

因為休息而感到愧疚，

因為逃避工作而感到痛苦，

我一直很討厭這般軟弱的自己。

但我利用休息期間改變了自己。

正因為有逃跑，我才能向前邁進。

唔—嗯……
躺一下
為了自己休息吧！
不是「休息一下也沒關係」。
本來就無須任何人許可。
而是「想休息就休息吧」。
呼…
話說回來，我前陣子終於登上晴空塔的最高層。
明明就住在晴空塔附近，結果一次都沒去過呢…
來去看看吧—
東京晴空塔
入場券
大人／一日券

【4章】成為繪本作家之路

嗡——…

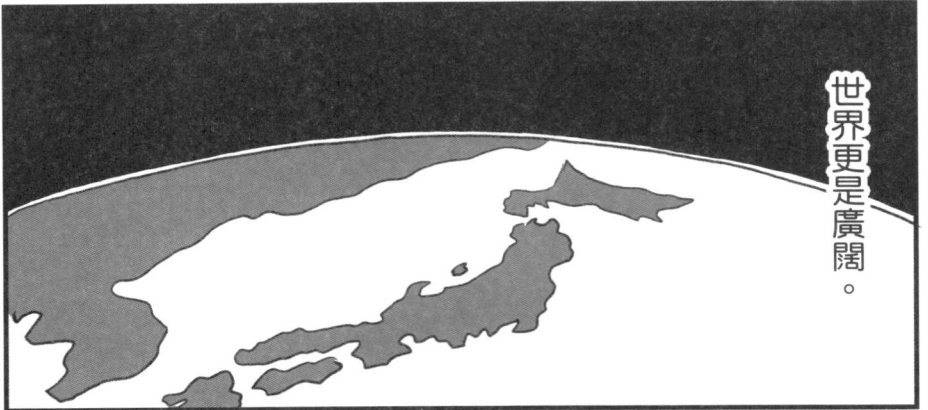

東京很大,

日本也很大,

世界更是廣闊。

不用擔心沒有地方讓我們逃跑。

Essay 20

「只要有一個人能體會我的心意…」

　　這次畫漫畫時，我沒特意設定結局，而是隨著當下感受描繪，所以連我也不知道故事最終會如何發展。正因如此，每次創作過程中，我都能發現新事物。這段回憶對我而言是一個渴望昇華卻無法釋懷的過去，透過描繪情感與經歷，我首次能以客觀角度看待那段日子，並獲得向前邁進的力量，因此這段時間對我的人生意義重大。

　　透過挖掘並表達自己的過去，我發現無論是多麼個人的體驗，也能引起他人的共鳴，這對我來說是很棒的經驗。（感謝大家陪我回顧那些羞赧的過去！）

　　當我因為罹患憂鬱症而申請留職停薪時，幾乎查不到任何肯定「休息」或「留職停薪」的故事。明明不是因為喜歡才申請留職停薪的，卻覺得休息似乎是什麼罪孽深重的事情，每天被愧疚感壓得喘不過氣。不過，在我親身經歷過後，我深深地覺得：「有申請留職停薪真是太好了。」如果有人跟當時的我一樣，因為休息而感到愧疚，我想告訴他們：「休息是一件好事喔。」正是基於這種心情，我才決定畫出自己的經歷。雖然可能也有人抱持著不同的看法，但即使只有一個人因此受到鼓舞，我也會感到非常開心。

而是「想休息就休息吧」。

呼…

【5章】
回顧和後來的故事

番外1

~加筆漫畫~

幸好留職停薪期間有做這些事

某天我在趕稿時，突然想到⋯

這麼說起來，留職停薪期間適合做什麼事情啊？

唔—嗯

正篇漫畫中有提到：
・晨走
・三行正能量日記
這兩個對抗憂鬱的方法⋯

接下來就讓我再跟大家介紹幾個不錯的方法吧。

掀開

首先是日光浴！
暖洋洋～
我個人會在陽台擺椅子，坐在那邊曬太陽。
因為曬太陽會促進血清素分泌，聽說對改善憂鬱症也很有效。
血清素（幸福荷爾蒙）
即便是在情緒低落、沒辦法外出的時候，
只要接觸到戶外的空氣就能讓人振作起來。
徐徐吹來
這真的好處多多，推薦大家都試試看。
而接下來這個方法和留職停薪期間的心理狀況有關…
很重要…
在留職停薪期間，我們難免會感到不安和愧疚。
不禁覺得沒有工作的時間＝浪費掉的時間…
就好像每天都過得毫無意義般，這感覺真的很難受…
好痛苦…

但是…

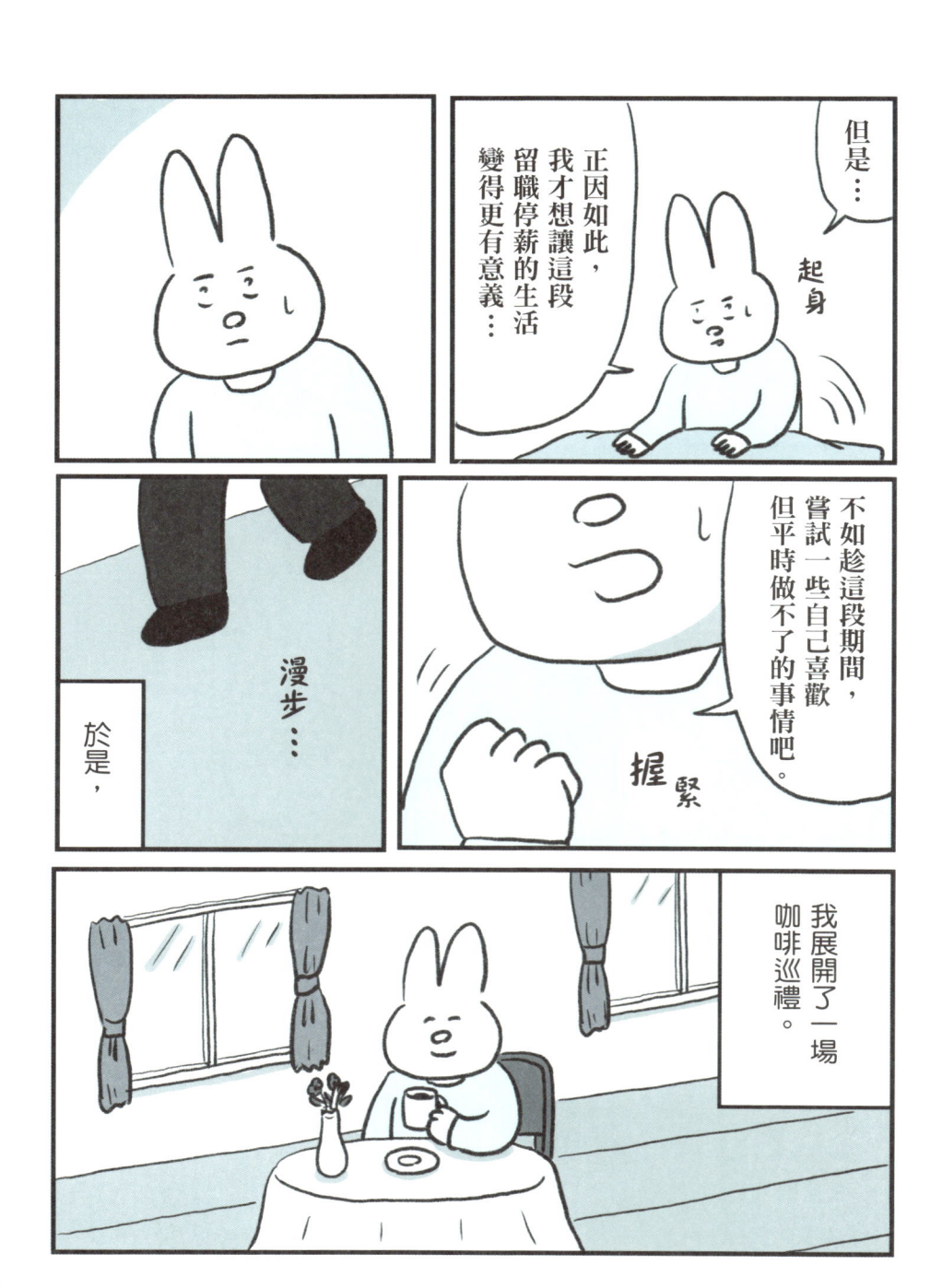

起身

正因如此，
我才想讓這段
留職停薪的生活
變得更有意義…

不如趁這段期間，
嘗試一些自己喜歡
但平時做不了的事情吧。

握緊

漫步…

於是，

我展開了一場
咖啡巡禮。

【5章】回顧和後來的故事

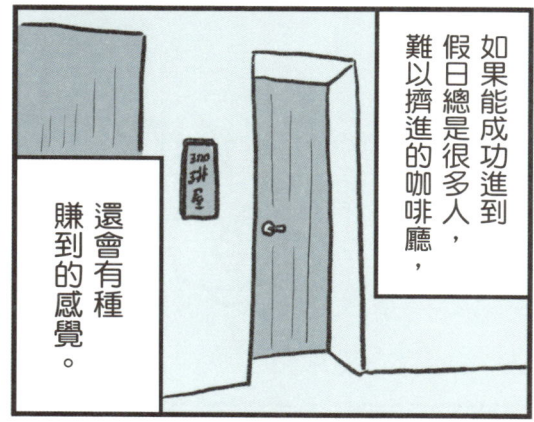

畢竟我本來就很喜歡去咖啡廳，

超喜歡喝咖啡！

也能當作散步的目的地。

今天去這間咖啡廳吧—

如果能成功進到假日總是很多人，難以擠進的咖啡廳，還會有種賺到的感覺。

最重要的是之後回顧這段過去時⋯

你會發現自己做了許多平時做不到的事。

使這段留職停薪期間不再是毫無意義。

當時有去咖啡巡禮真是太好了—

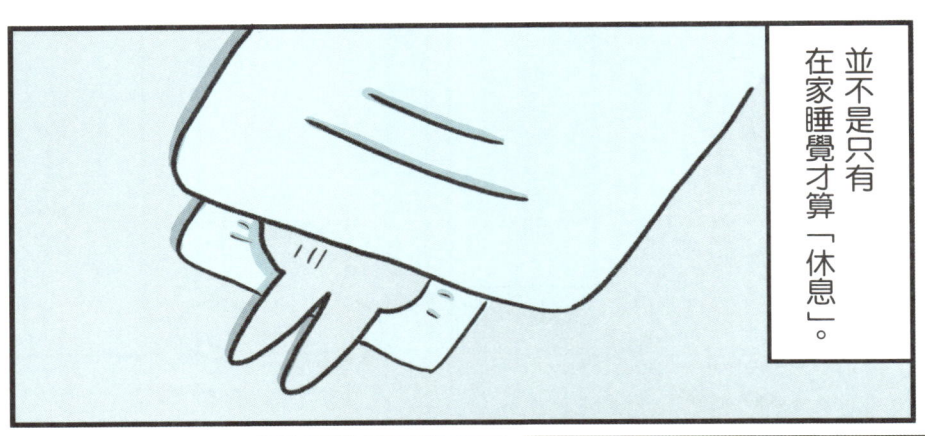

並不是只有在家睡覺才算「休息」。

每個人的休息方式都不同。

只要最後能順利讓自己恢復精神就好。

雖然我們難免會在意他人的目光或因為愧疚感而綁手綁腳⋯

希望正在休假或今後打算申請留職停薪的人，都能度過一段自己滿意的留職停薪時光。

Essay 21

「咖啡巡禮的回憶」

　　我習慣將去咖啡廳當作散步的一環，因此經常光顧那些位於都內、用走路就能到的店家。當時我住在一條可以步行到淺草的下町老街，總喜歡尋找那些富有歷史感的復古咖啡專賣店，並盡可能去不同的店家品嘗。不過，隨著我對咖啡巡禮的興趣逐漸加深，後來我還買了專門介紹咖啡廳的旅遊書，有空時就照著書上的指南搭電車去遠一點的知名咖啡廳看看。如今有幾間店已經歇業，這讓我不禁慶幸，當初能在它們尚在營業時前去拜訪真是太好了。

　　此外，我特別喜歡在咖啡廳裡發呆或思考事情，因此會選擇安靜，而且能待很久的店家，如果那裡的三明治特別好吃，那就更加分了！

　　順帶一提，我也曾將去咖啡廳這件事寫進漫畫裡提到的三行正能量日記裡，而咖啡館對我來說也是「思考事情的地方」，因此我有時也會在那裡寫日記。直到現在，我依然很喜歡去咖啡巡禮，算是一個延續下來的愛好。

番外 2

~加筆漫畫~
能大方承認自己有憂鬱症的對象

之前因為憂鬱症，而申請第二次留職停薪時，我幾乎沒有跟任何人提過這件事。

一方面是我不想讓父母擔心。

妳還好嗎？？

非常愛操心 ←

一方面則是因為第一次申請留職停薪時，我將這件事告訴朋友⋯

其實我得憂鬱症了⋯

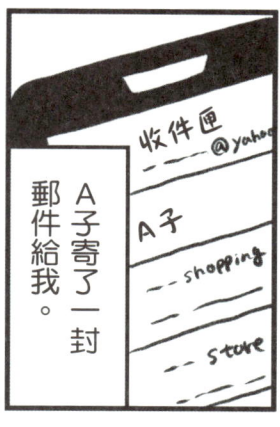

【5章】回顧和後來的故事

因此我本來不打算將申請第二次留職停薪的事情告訴任何人。

留職停薪申請書

直到，某天⋯

嗡—嗡—

A子寄了一封郵件給我。

收件匣
@yahoo
A子
--- shopping
--- store

A子是我的高中老師。

$y=3x^2-2x-1$
$y=x^2+2$

數學老師→

還記得當時的我總是與周遭的人格格不入。

老師～!!
我又因為化妝被教官罵了～（哭）

嗚嗚—

啊、那個⋯
就是⋯
呃⋯

看起來超級不知所措的⋯!!
啊、抱歉，我沒事啦—

結果她莫名變得非常小心翼翼深怕不小心刺激我，讓我覺得很抱歉。

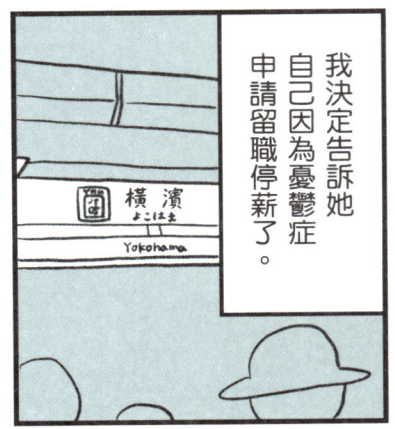

看起來好像公主，真可愛呢～

哎呀—

嗚嗚…

我也好想變成公主喔～

超喜歡妳的—!!

她是唯一會溫柔對待我的人。

加上志氣相投，畢業後就變成了朋友。

穿得像公主一樣喝下午茶時拍的照片

收到A子傳來的郵件後…

好久不見，妳最近還好嗎？我在橫濱發現了一家不錯的咖啡廳，改天要不要一起喝杯茶？

我決定告訴她自己因為憂鬱症申請留職停薪了。

【5章】回顧和後來的故事

其⋯其實我現在正在放長假⋯

因為我得了憂鬱症⋯

哎呀，真辛苦呢。

那今天就多吃些美味的甜點吧。

她沒有追問我原因，而是不斷地講自己家裡的事情。

我打算在鄉下蓋一棟新家，好期待看到成品喔～

之後妳一定要來玩喔！

後來我們一起吃了非常美味的鬆餅。

143

這讓我不禁覺得溫柔有很多種形式。

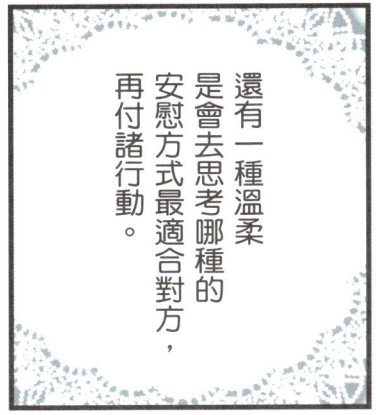

有些人的溫柔是會在你痛苦時，用心傾聽你的煩惱。

相反地，

有些人的溫柔則是什麼都不過問，像平常一樣與你相處。

還有一種溫柔是會去思考哪種的安慰方式最適合對方，再付諸行動。

當時我一邊品嘗著鬆餅帶來的甜美，

一邊暗自決定將來也要繼續和Ａ子當朋友。

Essay 22

「比起被過度擔心，這樣更讓人輕鬆」

或許是青春期特有的彆扭心態作祟，自從升上高中後，我開始對時尚有了極端的執著。現在回想起來實在讓人卻步，當時的我為了保持公主的形象，甚至連體育課都堅持穿著帶有荷葉邊的襯衫運動。而這樣的行為自然為我惹來了不少麻煩，不僅經常被老師訓話，同學們也會在背後說閒話，因此我的高中生活可以說是異常地格格不入（笑）。

Ａ子是我們的數學老師，大約60歲。第一次上她的課時，她穿著飄逸的長裙和帶蝴蝶結的襯衫出現，說話的口吻也全是「哎呀哎呀」、「哦呵呵」、「嘻嘻嘻」這種宛如公主般的語氣。當時的我心想：「這人是怎麼回事……！」並且對她產生興趣，結果主動跟她搭話後，發現我們在服裝和化妝的品味上居然很合拍。從那以後，我們不僅會在課堂上交流，課後也經常聚在一起聊天。在那所禁止化妝的學校，Ａ子是唯一一個對我的妝容表示讚賞，甚至說「很適合妳」的人，這讓我覺得她是個值得信賴的對象。

我會告訴Ａ子自己申請留職停薪的事，是因為她給人一種胸襟寬闊、不會大驚小怪的感覺。對當時的我而言，比起被過度擔心，她的反應讓我更輕鬆，因此我很感謝她。

番外3

~加筆漫畫~

離開公司後的人際關係

離開公司那天,我沒有跟任何人說到話。

不過有一個人主動向我道別。

辛苦了!!

他就是我的同期N先生。

不僅超級聰明,人又很好!

因為當時的我選擇默默離職,即便那封郵件裡只有簡單的一句話,也讓我感到非常高興。

好感動!
汪淚—

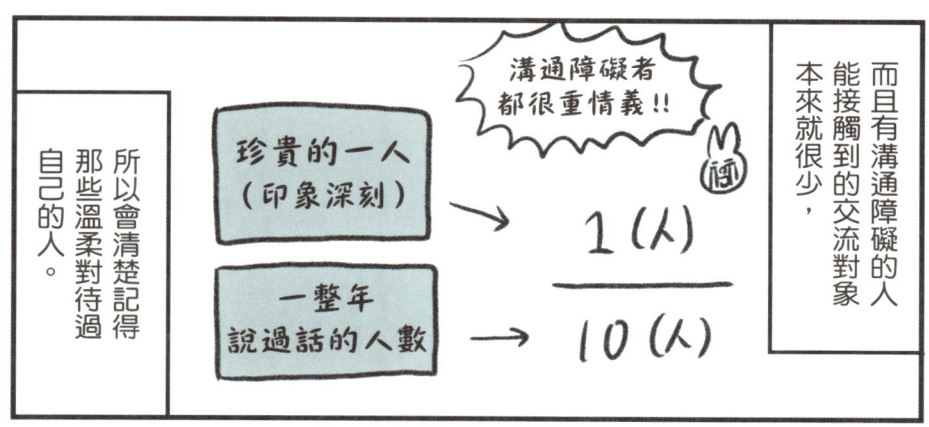

【5章】回顧和後來的故事

而且有溝通障礙的人本來就很少，能接觸到的交流對象

溝通障礙者都很重情義!!

珍貴的一人（印象深刻） → 1(人)

一整年說過話的人數 → 10(人)

所以會清楚記得那些溫柔對待過自己的人。

睽違10年再次見面

哈囉—

於是之前睽違許久再次和他見面時，我決定要再好好跟他答謝一次。

不知道他過得好嗎～??

我也一直將N先生傳給我的那封郵件放在心裡。

←會定期回想起來

咦？

妳是指什麼？

當時真的很謝謝你！

鞠躬

雖然重新跟他說明當時的事情…
嗯？有發生過那種事嗎？
？
但N先生完全想不起來。
或許真正的「好人」就是這樣吧。
居然能毫無自覺地行善…好厲害—
…話說回來，
在妳辭職後…
編輯部也發生了很多改變喔。

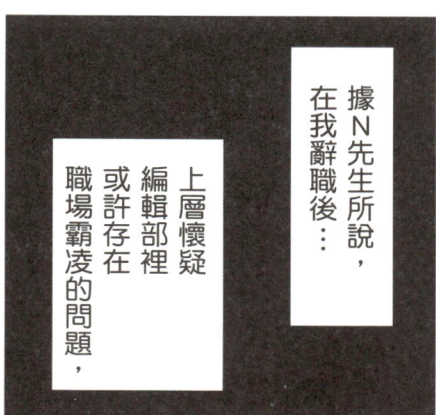

【5章】回顧和後來的故事

據N先生所說，在我辭職後⋯

上層懷疑編輯部裡或許存在職場霸凌的問題，

於是那位總編輯就被調走了。

雖然不知道是不是因為妳的關係，

但這也代表大家都有將他的行為看在眼裡。

聽說他現在的工作性質跟之前完全不同。

149

我確實很討厭那位上司。

噴!

現在也很討厭他…

但我從沒想過要嘲笑他「活該」。

雖然內心深處的憎恨依然無法釋懷。

但我認為這和希望那個人面臨不幸是兩回事。

名為「憎恨」的火

憎恨他人究竟是什麼意思呢?

原諒他人又該怎麼做呢?

雖然人們常說應該盡快忘掉過去那些不愉快的事情。

但我覺得忘記並不是唯一的答案。

如今我仍然還沒找到解答。

Essay 23

「憤怒與悲傷也是一種重要的情感」

　　我並不擅長處理「憤怒」等負面情感，因為我不知道該如何將自己的心情傳達給對方，就算覺得不高興，我也會選擇忍耐，導致這些情緒只能積壓在心裡，最終變得愈發膨脹……

　　在社會上，愛生氣的人通常會被說是「心胸狹窄」，反之寬以待人則會被誇讚「心胸寬大」。雖然我能理解這個道理，但也經常懷疑這種二分法真的是正確的嗎？甚至還會覺得，為什麼我們一定要壓抑住憤怒或仇恨等負面情感呢？

　　在我看來，憤怒與悲傷也是我這個生物所產生的重要情感，應該和喜悅等正面的情感擁有同等的價值。因此，我們無須輕易忘記這些情感，恨就恨吧，只要將其保存在心中，偶爾拿出來觀察，認知到自己也有這些情感就好。

　　話雖如此，但懷有負面的情感，有時確實會讓我想起一些痛苦的回憶，或許我也還需要繼續學習該如此與這些情感相處。

番外4

~加筆漫畫~

逃跑也是人生的一部分

這件事發生在2023年初。

不知道為什麼…

新年暴胖↓

我突然變得毫無動力。

一點幹勁都沒有…提不起精神…

工作也毫無進展。

感覺心好像死掉了…

好想逃避現實…

得想個辦法才行…

為了轉換心情，我前往了一個地方…

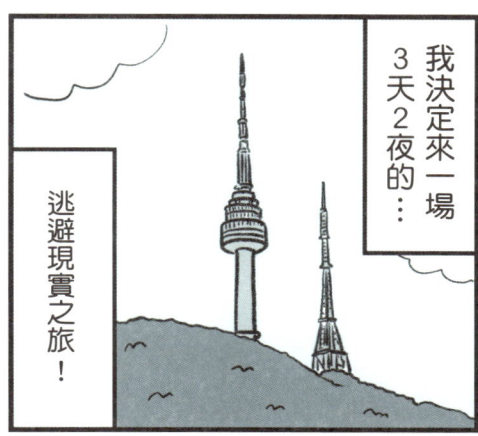

【5章】回顧和後來的故事

韓國…！

Let's go~!!
Incheon Air

因為我本身是K-POP的粉絲，

再加上我超喜歡韓式料理。
其中最喜歡的就是韓式烤肉!!

為了徹底忘記現實中的煩心事，
工作 工作 工作

我決定來一場3天2夜的…
逃避現實之旅！

抵達後我馬上直衝最繁華的街道……
424
명동
(우리금융타운)
Myeongdong
明洞 ミョンドン
明洞。
造訪時尚的咖啡廳。
哇—
超好吃的提拉米蘇！
店員也是美男子~
去K-POP專賣店搜刮周邊。
K-POP
晚上則是在東大門市場狂嗑一隻雞。
放了一整隻雞的雞湯
接著，倒頭就睡！
磅—!!
in飯店
沒錯……對逃避現實之旅來說，
最重要的就是不去思考現實中的事情！
專注在「現在」的幸福上…!!
呼呼大睡…

第二天，我來到一間韓國知名美容院。
店門口放了一個韓國美女的看板
被迫穿上宛如要去游泳的打扮。
請幫我換上這個—
現在就什麼都別想，好好享受吧…
明天要做什麼呢—
搓揉
按壓
扭轉
好痛！
療程結束後…我簡直重生了。
好厲害—
臉變得好小~
不愧是美容大國韓國…！
變成美女後，（與過去的我相比）
我來到韓國最大的市場散步。
雖然不知道他在說什麼，但好有精神…
真強壯…

大家都很努力地活著呢。

看著那副光景，我似乎得到了鼓舞。

買了一大堆零食↓

最後一天則是去買東西，

然後準備回國⋯！

雖然這趟旅程很短暫，

但自從疫情爆發後，我就許久沒出國了。

透過逃避，讓我得以繼續為生活打拚。

有種充飽電的感覺。

如果有機會，我今後還是想繼續逃跑。

順帶一提，由於回國後又回歸不健康的生活⋯

這就是現實⋯

臉馬上就打回原樣了。

洋芋片

Essay 24

「人可以去任何地方，擁有無限可能性」

　　這是我第一次去韓國旅行，畢竟機會難得，為了將來能畫成漫畫，我特地帶著相機想說可以順便取材。此外，我還帶了一個大行李箱，打算在當地大買特買。

　　雖然這趟旅行有些匆忙，但回國後，我覺得心情變得非常清爽且愉快。雖然日本很大，也有很多我還沒去過的地方，但語言和文化完全不同的異國所帶來的刺激感可說是截然不同，因此能完全忘記日常生活中的瑣事。再加上我本來就不擅長轉換心情，像這樣半強迫地逼自己來到完全不同的環境，讓我的心靈得到淨化，彷彿重生般輕鬆。

　　此外，由於我平時都在家裡畫畫，視野很容易變得狹隘。直到踏出國門，我才意識到只要拿著一本護照，我們就能隨時前往任何地方，這也讓我頓悟到，「自由」其實就在我們身邊。人類本來就能自由前往各個地方，即便無法實際抵達當地，也應該記住自己擁有這種「可能性」，因此我很慶幸能透過這趟旅程，再次回想起留職停薪時逃到越南的感覺……！

解說

濱松町身心科診所院長・醫學博士・產業醫生
加藤高裕

不知道各位是否都有閱讀到最後呢？或許有些人在閱讀的過程中會因為覺得有些難受，只能時不時休息一下再繼續閱讀；或許有些人看著看著就流下了淚水；或許有些人在看的時候會莫名地感到煩悶。

Naonyan小姐花了許多時間反思自我，寫下這份珍貴的「反思報告」，雖然漫畫風格溫柔，但實際上卻是一個非常艱難的生存記錄。此外，雖然她總是自嘲自己是個溝通障礙者，但事實上並非如此，在我看來她非常努力地花時間整理自身的情緒，試圖讓自己不再被困在過去那些無法解釋的痛苦當中，而這就是所謂的掙扎，也是心靈的鬥爭。每個人、甚至每個年齡階段能用來掙扎的體力都有限，而且隨著年齡增長，儘管身體會變得更加強壯，但每次能使用的心靈體力卻並非取之不盡。

Naonyan小姐為了不讓自己徹底燃燒殆盡，透過許多細膩的自我療癒方式，小心翼翼地修復受傷的心靈，這個過程只能用「了不起」來形容。

此外，為了不讓家人和朋友擔心，相信許多人在感到不適時都無法告訴他人自己正在休長假，甚至會因此產生煩躁感。話雖如此，周遭的人該如何體貼身體不適的朋友，其實也是一個棘手的問題。雖然本書的標題為「逃離憂鬱」，但應該也有不少人會認為這並不是在逃避自己，而是在保護自己。沒有人一開始就懂得如何有效地保護自己，勇於從引發強烈挫折感的職場中逃跑，其實是一個非常正確的選擇。

而逃跑後，「自己」又該做些什麼呢？

相信大家在閱讀本書時，看著Naonyan小姐那麼努力地在黑暗中摸索，難免會感到一種難以言喻的焦急感和無助感，但即便如此，我們也未必能找到一個「應該這樣做才

Commentary

正如人們所說「人會被人治癒」，也許你也曾在不知不覺中給予某個人支持。若大家都能以善意對待他人，這個世界或許就能變得更加美好。

最後，從專業的角度來看，無論是在Naonyan小姐感到不適時，還是休息的過程中，抑或決定辭職時，都可以明顯看出那間公司內部存在著扭曲的「同儕壓力」。而且，他們處理問題的方式也存在許多問題，讓人不禁思考，難道就沒有辦法改善嗎？如果大家所屬的組織中也存在類似的問題，希望各位能勇於伸出援手，一起努力改善那個環境，相信這最終亦會成為一種保護自己的方式。

在此衷心地祈禱Naonyan小姐今後也能自由自在地享受人生的美好。

對」這種明確的答案，更多的是一心一意地祈禱，希望她有一天能夠從痛苦中解脫出來，並帶著這樣的心情，耐心地看完了這本漫畫吧。

此外，跟Naonyan小姐一樣選擇休息的人大多都會因為難以好好放鬆而身陷煩惱，但正如她所說的，每個人都有自己的休息方式，我也希望各位都能抱持著「這樣對我來說很好」的想法去休息，若周圍的人也能以適當的方式提供支持就更好了，可惜這兩者都不是一件容易的事情。

然而面對這個難題，A子小姐卻能以溫柔且不帶任何偏見的態度給予Naonyan小姐支持，可謂一位值得學習的榜樣。還有那位在Naonyan小姐離職時，悄悄傳送郵件慰問的同事，也給了她一絲慰藉，包括那些在遙遠國家偶然遇見的人們，或許都在不經意間帶給了她力量。

UTSUNIGE UTSU NI NATTA NODE ZENRYOKU DE NIGETE MITA HANASHI
©naonyan 2023
First published in Japan in 2023 by KADOKAWA CORPORATION, Tokyo.
Complex Chinese translation rights arranged with KADOKAWA CORPORATION, Tokyo
through CREEK & RIVER Co., Ltd.

漫畫版
從憂鬱中逃跑
開啟療癒與重生的心靈之旅

出　　　版	楓葉社文化事業有限公司
地　　　址	新北市板橋區信義路163巷3號10樓
郵 政 劃 撥	19907596　楓書坊文化出版社
網　　　址	www.maplebook.com.tw
電　　　話	02-2957-6096
傳　　　真	02-2957-6435
作　　　者	Naonyan
翻　　　譯	曾薏珊
責 任 編 輯	吳婕妤
內 文 排 版	楊亞容
港 澳 經 銷	泛華發行代理有限公司
定　　　價	380元
出 版 日 期	2025年3月

國家圖書館出版品預行編目資料

漫畫版 從憂鬱中逃跑：開啟療癒與重生的心靈之
旅 / Naonyan作；曾薏珊譯. -- 初版. -- 新北市：
楓葉社文化事業有限公司, 2025.03　面；公分

ISBN 978-986-370-776-9（平裝）

1. 憂慮　2. 情緒管理　3. 通俗作品

176.527　　　　　　　　　　　　114000958